Max Goldt, geboren 1958 in Göttingen, lebt in Berlin.
Seine Werke werden bei Rowohlt verlegt; zuletzt erschienen «Wenn man einen weißen Anzug anhat», «Für Nächte am offenen Fenster» und vom «Zauber des seitlich dran Vorbeigehens». 2008 wurde Max Goldt mit dem Kleist-Preis ausgezeichnet.
Er ist außerdem Musiker und verfaßt Hörspiele sowie, mit Stephan Katz, Comics.

Max Goldt

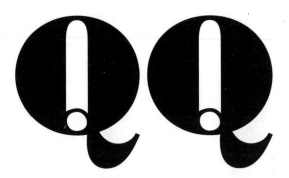

ROWOHLT TASCHENBUCH VERLAG

2008

MODERATOR: QQ? Sie verwenden heute ziemlich exotische Ausdrücke.

PETRA HIPPROTH: Kennen Sie nicht QQ? Das steht für «quiet quality» – stille Güte. Ein neues Schlagwort aus den USA für alles, was nicht schreit und spritzt. Da ich mir allerdings einmal eine schöne Wohnung im Augustinum leisten möchte, also in einem dieser Altersheime für gutsituierte Leute mit ein bißchen Hirn, habe ich mir ausgerechnet, daß ich noch fünf Jahre schreien und spritzen muß, und dann kann's losgehen mit QQ.

Max Goldt, Vom Munzinger-Trash zum Drall nach QQ

Inhalt

Über Fernsehmusik 9

Dem Elend probesitzen 16

Staunen 24

Nein zum Masermontag 32

Die Verbesserung von Jessicas Mutter mit Hilfe
eines Mülleimers 39

Drei Sprachkritiken
Unheimliche Geschenke 45

Hannah Arendt hat recht 50

So machen es die klugen Sprachen 58

Gedanken bei der Cranio 63

Die Prophezeiung 72

Prekariat und Prokrastination 78

Ein Querulant hört was knarren 86

Der Amethyst 93

Kinder fauler Mütter sprechen unbezahlt in Mikrophone 97

Von fehlenden Haken und quälender Angst 103

Rosel Zech wird behelligt 111

Preisung der grotesken Dame 121

VL (Die Schöpfung hatte gerade erst begonnen) 128

Die Stabilität der Tomatenschelte 135

Tropfen, Klingeln und die üble Weiterleiterei 144

Was schön ist und was häßlich ist 151

Über Fernsehmusik

Wir schreiben das Jahr 900 nach Christi Geburt oder, wie es in der DDR hieß: nach unserer Zeitrechnung. Auf einer Insel vor der walisischen Küste leben zwei weise, heilige Frauen, die miteinander durch zweierlei verbunden sind, nämlich durch a) eine lebenslange Feindschaft sowie b) lodernde körperliche Begierde. In einer selbst für die Verhältnisse der Irischen See ungewöhnlich stürmischen Herbstnacht suchen die beiden Frauen unabhängig voneinander eine keltische Begräbnisstätte auf, um dort einem schon aus damaliger Sicht uralten Bluträtsel auf die Spur zu kommen. Unter einer Eiche mit sich auf elfeinhalb Meter Höhe teilendem Stamm kommt es zu einem eigenartigen Kampf, in dem sich tiefgrabende Küsse und millimetergenau plazierte Fausthiebe die Waage halten. Nachdem beide fast gleichzeitig den geschlechtlichen Höhepunkt erreicht haben, versucht die eine, die andere in einen Burgfried einzumauern, auf daß sie darin jämmerlich verdorre. Die andere hat allerdings den gleichen Einfall, und daher trägt sich etwas zu, was im gesamten christlichen Frühmittelalter sonst *so* nicht vorgekommen ist: Zwei Frauen mauern sich gegenseitig in ein und denselben Turm ein. Beiderseits wird nun unter grauenvollem Fluchen verdurstet. Moos und Eulen, aber auch Spinnen sowie die bisweilen unkollegial erscheinende Schwester des Raums, nämlich die raffgierige Zeit, tun das Übliche und Ihrige.

1104 Jahre später verdichtet die Hamburger Journalistin, Moderatorin, Katzenzüchterin, Barbesitzerin, Fußschmuckdesignerin und selbstverständlich auch Buchautorin Heidi Würsel den eben geschilderten Stoff auf 800 Seiten, womit sie nicht wenige «Unken flottmacht». «Flottgemachte Unken» – so bezeichnet sie in ihrem Privatjargon die Erlöse aus jener Tätigkeit, die sie in Interviews «richtig spannende und vor allem historisch glaubwürdige Unterhaltung schreiben» nennt, im Kreise ihrer Freunde aber «Brotjob»; zumindest spricht sie so, wenn sie, wie es gottseidank meistens der Fall ist, Herrin ihrer Sinne ist. Wenn jedoch im allerallerengsten Kreis die Party richtig abgeht und sich der Abend nicht nur «etwas länger», sondern bis in die Puppen ausdehnt, kann es auch *mal* vorkommen, daß sie diesen «Brotjob» «Leseschrott für fette Frauen zusammenkloppen» nennt, doch das kommt nicht häufig genug vor, um die Leute aus ihrer Possi zu etwas anderem als der Bemerkung zu beflügeln, daß sie hin und wieder «köstlich inkorrekt» sei, die Heidi, was ja schließlich das Supererfrischendste an ihr sei. Die Unken aus ihrem «dezent angelesbten Mittelalterplot» steckt sie übrigens in das Restyling der Bali-Lounge ihres Restaurants «Schinkenkeller» auf Sylt, zu dessen Stammgästen neben ihrer Halbschwester, der noch nicht sehr bekannten Sportwagenrestauratorin, aber bereits international renommierten Steingarten-Expertin und ohne jeden Zweifel ganz gewiß auch Buchautorin Eileen Würsel-Achballah, seit einiger Zeit auch der Film-und Fernsehkomponist – in letzter Zeit allerdings fast nur noch Fernsehen – Henner Larsfeld gehört. Naja, man kennt sich halt, und so wundert es keinen, jedenfalls keinen Branchen-Intimus, daß Larsfeld den Auftrag erhält, für die millionenschwere ARD-Verfilmung des Würsel-Stoffs die Musik zu liefern.

Henner Larsfeld sitzt mit seinem Laptop in der Küche. «Ich komponiere grundsätzlich in der Küche», würde er in Interwiews sagen, doch er gibt keine, weil er das einfach total haßt, sich vor Gaffern so «nackicht zu machen». Hin und wieder stellt er sich aber vor, er säße in Talkshows, und in denen würde er ganz ruhig, in einem männlich-nebensächlichen Ton, sagen, er komponiere grundsätzlich nur in der Küche, weil das ja erstens stimmt und er sich zweitens gern vorstellt, wie die Moderatorin erregt erwidern würde: «Was, *diese* tolle, dramatische Musik – in der Küche, zwischen Zwiebelnetz und fettigen Teflon-Pfannen komponiert? Das ist ja unglaublich!» Und all die Hausfrauen im Live-Publikum: «Phantastisch, der Mann! Komponiert diese Mordsmusik mit Kirchenchören und Riesensymphonieorchester ganz bescheiden in seiner Küche!»

Henner Larsfeld sitzt also in seiner phantasiehalber als faszinierend bezeichneten Küche. Gern würde er mit Eileen, der Schwester von Heidi, zum Saufen ans Meer fahren, aber erstens muß die einen «unglaublich spannenden 65er Lamborghini», wie sie es nennt, «fachentrosten», und zweitens hat er nur 24 Stunden, um den 90minütigen ARD-Mystery-Thriller mit stimmigem Soundtrack zu versorgen. Wie er das Wort «Fachentrostung» haßt! Vor der Vertonungsaufgabe fürchtet er sich eigentlich kaum, hat er doch bislang jeden Auftrag mit einer dreiviertel Lexotanil und kontrollierter Weinzufuhr innert 24 Stunden hinbekommen. Nichts Schlimmes also, kein Koks oder so – Lexotanil! Verschreibt einem jeder Arzt. Aber er hat keine Lust. Er schaut auf die altbewährten Sound-Sample-CDs, die ihm sein Musikfreund Björn vor neun Jahren gebrannt hat, als sie noch gemeinsam diese ja keinesfalls nur ironisch so betitelten «Abende für Freunde der gepflegten elektronischen Unterhaltung» im Berliner Podewil-Club veranstaltet haben, vor Studenten, die zeitaufwendig ausgewählte Brillen trugen, und Metropolenhopperinnen mit retrospektiven Wollmützen. 1997 war das, und die Björnschen Soundfiles benutzt er noch immer. Auf der einen CD steht «Mönchschöre», auf der anderen «Extrem verhallte Wummer-Sounds».

«134 Fernseh-Aufträge habe ich mit dieser Sound-Software bereits bewerkstelligt», denkt Larsfeld in ruhig resümierender Selbstbetrachtung, «darunter drei Tatort-Krimis, 21 Natur- und Geographie-Filme und 60 Geschichts-Dokus. Davon wiederum waren neun über Ägypten, sieben über die Wikinger, drei über den 17. Juni, vier über den 20. Juli, zehn über den 13. August, elf über den 9. November und immerhin zwei über den 11. September. Ich habe immer die gleichen Sounds verwendet, mit einer einzigen Ausnahme: Bei einem 30-Sekunden-Beitrag über Adam Riese, da dachte ich, gehste einmal ein bißchen aus dir heraus, verwendeste mal eine andere Software, und habe etwas mit Krummhörnern und Würfelspielgeräuschen gemacht, aber da hat mir die Dame vom Fernsehen gleich gemailt, das würde nicht ihren Vorstellungen entsprechen. Also wieder die Mönchschöre und das verhallte Gewummer. ‹Superspannend, sehr atmosphärisch, warum nicht gleich so?› kam es daraufhin als Reaktion. Das ist alles so traurig und lächerlich – der 17. Juni und Mönchschöre! Natürlich drehe ich in solchen Fällen ab und zu ein paar verfremdende Filter rein, damit die Chöre härter, unchoriger, mehr so nach kratzigen Streichern, also ich meine: ‹politischer› klingen, aber letztlich ist es doch immer dieselbe Ausgangsware. Daß das keiner merkt, daß sich da nie ein Fernsehzuschauer drüber beschwert, das ist so etwas von deprimierend eigentlich!»

Das Telefon klingelt. Eileen ist dran. «Wir wollten doch morgen zum Saufen ans Meer fahren! Wollen wir den Ferrari oder den gelben Lotus nehmen? Der Lamborghini ist leider noch nicht entrostet!» Larsfeld erwidert: «Ach, ist mir egal. Ich häng so ein bißchen durch, burnoutmäßig, meine ich. Ich hab das Gefühl, ich muß mal wieder etwas machen, was mehr zu tun hat mit dem, womit ich vor zehn, fünfzehn Jahren angefangen habe.»

«Ach komm!» erwidert Eileen, «mach deinen Job und hab hinterher unbegrenzt Spaß! Möchtest du etwa da landen, wo dein alter Freund Björn ist, in der Musikschule Kreuzberg, und zwanzig Wochenstunden Musiktheorie und Gehörbildung unterrichten?»

«Das vielleicht nicht, aber es muß doch einen Mittelweg geben zwischen einem Haufen Geld und dem, was man eigentlich machen möchte.»

«Mittelwege gibt's nur im Märchenbuch! Meinst du, ich finde einen Mittelweg zwischen Steingarten-Expertin und Sportwagenrestauratorin? Meinst du, mich nervt das nicht, ständig im ARD-Mittagsbuffet über diese öden Steingärten Auskunft zu erteilen? Die interessieren mich schon seit hunderttausend Jahren nicht mehr! Diese Trullas da würden ihr Studio ja so was von vollkotzen, also wirklich: *so was* von vollkotzen, wenn ich denen was von Fachentrostung erzählte! So what? That's life! Shit happens! Restaurier ich halt mit meiner Steingartenexpertinnenkohle im stillen Kämmerlein meine Lamborghinis!»

Larsfeld sieht das alles ein, arbeitet die Nacht durch, liefert wie immer termingerecht und fährt mit Eileen zum Saufen ans Meer. Man hat dort immensen Spaß. Tolle Leute sind da, einerseits Profis, andererseits aber eben auch Leute, die nicht immer alles so bierernst nehmen und finden, daß sich Deutschland in den letzten Jahren unglaublich positiv verändert hat. Die Deutschen sind so locker geworden! Es gibt heutzutage kein Land auf der Welt, in dem so viele Stühle auf die Bürgersteige gestellt werden wie in Deutschland!

Die Verfilmung des walisischen Stoffes schlägt beim Publikum ausgezeichnet ein. Die ARD gibt ein Sequel in Auftrag, das im Jahre 1520 spielt. Die beiden eingemauerten heiligen Frauen sind wieder lebendig und begeben sich auf einen jahrelangen Fußmarsch durch Zentraleuropa, in dessen Verlauf sie abwechselnd ihre Abneigung gegeneinander und ihren sexuellen Appetit aufeinander unterdrücken müssen. Oft müssen sie beides gleichzeitig bekämpfen und dabei auch noch in einem gefährlichen Bach von einem glitschigen Stein zum anderen springen. In einer Mystery-Höhle mit toll von der Decke hängenden Effekt-Moosen begegnen sie schließlich einer verleugneten Schwester des Schweizer Reformators Huldrych Zwingli und machen irgendwas mit der. In den Kurzbeurteilungen der Fernsehzeitschriften wird unter den Stichwörtern «Spannung» und «Erotik» je ein nach oben gehender Daumen zu sehen sein. Ist also für jeden Geschmack etwas dabei. Mehr wird aber nicht verraten! Wie die Musik sein wird, kann man sich allerdings schon jetzt ziemlich gut vorstellen.

Dem Elend probesitzen

Schon immer mal wollte ich nach Malta, obwohl mir von aller Welt stets versichert worden war, daß diese Insel dichter bebaut sei als das Ruhrgebiet, vor allem mit sich machtvoll erhebenden, einander jedoch qualvoll ähnelnden Kirchen, daß es kaum etwas anderes zu essen gebe als Pommes frites und verkohlten englischen Toast mit Butter, die einem bereits zum Tagesauftakt in die Hemdsärmel rinnt, und daß man zumindest außerhalb der Strandsaison nicht wesentlich mehr anstellen könne, als mit uralten, daher allerdings immerhin legendären gelben Bussen von einer regenschauerheimgesuchten Kleinstadt in die nächste, der vorigen nicht nur in puncto Wetter sehr ähnelnden, zu fahren.

Unwillig, mich von schnödem defätistischem Globetrottergeunke in meiner Silvesterplanung beirren zu lassen, flog ich letzten Endes einfach hin, und ich muß schon sagen, so ganz unrecht hatten die Warnenden nicht, sieht man von dem Detail mit der Butter ab. Was mir nämlich beim Frühstück in die Ärmel hineinfloß, war nicht Butter, sondern eine im Territorium der Ersatzfette ansässige Substanz namens «You can't believe it's not BUTTER». Hätte mich das in die Laune eines überkritischen Verbrauchers versetzen sollen? Hätte es mich überdies stören sollen, daß schon am ersten Morgen eine Scheibe Mortadella *unter* unserem Tisch lag? «Guck mal, unter dem Tisch liegt häßliche, billige Wurst», sagte ich und war vollkommen zufrieden, als der Mitreisende daraufhin entgegnete: «Na und, *auf* dem Tisch liegt doch auch häßliche, billige Wurst, und, guter Mann, die essen wir jetzt!»

Alles war viel schlechter als zu Hause. Dennoch fragten wir uns in keinem Moment, warum wir uns das antaten. Den ärmlichen Duschkopf zum Beispiel, aus dem nur ein einziger, kaum nudeldünner, jedoch biedermeierlockenartig verdrehter und nach Meerwasserentsalzungsanlage schmeckender Wasserstrahl mehr krabbelte als floß. Sich so zu reinigen ist namentlich für den ein straffes, vielfädiges Beregnetwerden gewohnten Kaltduscher kein Vergnügen, insbesondere wenn er sich dabei strapaziös zur Seite biegen muß, um zu vermeiden, daß der angepilzte Duschvorhang sich haftend und saugend seines Oberarms bemächtigt. Das Wichtigste in einem Badezimmer fehlte wieder einmal ganz, nämlich Platz, um die mitgebrachten Fläschchen und Tuben in altbewährter Ordnung aufzustellen, weswegen sie in enger Formation auf dem Toilettenspülkasten zu arrangieren waren, und so geschickt man das auch meisterte, bei einer Betätigung des Spülknopfes klackerte alles auf den von fremder Leute Unterbauchbehaarung berieselten Boden. Egal – die Sachen aufgelesen und ohne Murren neu plaziert. Keine Klage auch über das schmale, altmodisch gerüstete Bett: die Decke nicht bezogen, statt dessen mit dem bei den Bewohnern unseres Kulturraums recht unbeliebten britischen Lappen unterlegt, den man des Morgens zu Wurstform verstrampelt zwischen seinen Beinen findet, wobei es in einer Schrecksekunde festzustellen gilt, daß man sich während der letzten Stunden wohl an jene alte, geblümte

Tagesdecke gekuschelt haben muß, auf der schon der eine oder andere verarmte englische Landadelige verblutet sein mag. Nichts dergleichen konnte unsere Stimmung trüben. Warum? Kamen etwa eine tolle Landschaft oder die Herzlichkeit der Landeskinder für die kleinen Unannehmlichkeiten auf? Keineswegs! Landschaft gab's so gut wie gar nicht, denn alles war mit Häuschen und Fabriken vollgestellt (z. B. der Firma «Playmobil»), und die Menschen waren so gut wie fast überall. Nein, es hatte den Anschein, als wären wir ausgezogen, um Ferien von der Welt der Premium-Produkte zu machen.

Natürlich ist es eigentlich richtig, die Sinne zu üben und seine Zunge streng zu lehren, was gut ist und was weniger. Man kann bloß loben, daß es seit einigen Jahren plötzlich in ziemlicher Auswahl gute Schokolade zu kaufen gibt. Doch wie ergeht es einem, der nur noch in Schloßhotels wohnen kann und dem schon mal das Temperament aus dem Ruder läuft, wenn das Brot, das man ihm reicht, nicht aus dreistufigem Sauerteig ist, wie geschieht einem solchen, wenn er ins Gefängnis muß? Dort nämlich gibt es bestimmt keine Schokolade von «Hachez» oder «Feodora», da gibt's allerhöchstens «Milka» oder «Stollwerck», wenn nicht sogar nichts als eingeschmolzene alte Weihnachtsmannschokolade mit kleinen roten Metallfolienstücken darin, weil die Weihnachtsmannschmelzbetriebe sich sagten: «Die Kriminellen werden ja wohl kaum von uns erwarten, daß wir für sie die Folie vollständig abpulen.» Und so erteile ich den Rat, zwischendurch immer wieder mal ein bißchen Müll vom Discounter zu essen, damit man's nicht so schwer hat hinter Gittern.

Doch selbst wenn man nicht ins Gefängnis muß: Es wird einem gewiß nicht bis ans Ende aller Tage Slow Food aufgetischt. Einmal wird das Lebenstriebwerk schon bei geringer Steigung schnaufen, dann heißt es «Bong!», «Radong!» und «Gong! – 80 Jahre sind verstrichen. Nächste Station: Pflegeheim!». Dort wird man sich an manche ungustiöse Tagesdecke kuscheln müssen, und der Käse wird auf keinen Fall von «Manufactum» sein. Morgens wird es zwei strukturlose rechteckige Scheiben geben und die gleichen noch einmal um fünf Uhr zum Abendbrot – jahrein, jahraus wird das so gehen. Nie wird die Käsesorte gewechselt. Manch einer überlebt 15 Jahre im Pflegeheim; da wird ein Scheibchen zum andern kommen. Man kann es sich ausrechnen. Am Rand der Grube wird's dann heißen: «Er war den größten Teil seines Lebens in den höchsten Sphären der Zivilisation beheimatet, nur die letzten 15 Jahre verbrachte er damit, 21 900 Scheiben vom billigsten Käse zu essen, den's gab.» Ist jemand, der sein freies Leben unausgesetzt der Sinnesverfeinerung gewidmet hat, zu einem solchen Ende fähig? Man kann dem Elend probesitzen, indem man sich in ein billiges Hotel auf einer übernutzten Mittelmeerinsel begibt und guckt, ob man kleinere soziale Abstiege zumindest testweise verkraftet.

Wir verkrafteten problemlos. Bekommt man nichts anderes als einen vier Tage alten Chicken Wrap, besichtigt man beim Essen eben eine öde Ruine, denn durch Langeweile verdrängter Ekel ist allemal bekömmlicher als Hunger. Und man kann ja auch so schön Bus fahren auf Malta. Die alten britischen Leyland- und Bedford-Busse werden vom maltesischen Souvenirgewerbe als Hauptkapital der

Insel angesehen, weshalb es busförmige Badeschwämme, Fußabtreter, Toaster sowie extrem wenig handschmeichlerische Korkenzieher in Busgestalt gibt. Die Fahrer sitzen allesamt auf Handtüchern wie sonst nur inkontinente ältere Damen in Pflegeheimen. Fahren können die Busfahrer ziemlich gut! Man muß dies so deutlich sagen, denn weltweit wird viel zuwenig Freundliches über Busfahrer gesagt. Es besuchte mich einmal eine Freundin, die ausführte, daß eine gemeinsame Bekannte einen neuen Freund habe. Sie würde ihr das neue Glück durchaus nicht mißgönnen, meinte sie, aber direkt gut aussehen würde der ja nicht. Er sähe aus wie der Schlagzeuger von den «Flippers» oder sogar wie ein – sie brachte sich in dramatische Positur, um mir zu bedeuten, daß sogleich von etwas noch Unansehnlicherem als dem Schlagzeuger der «Flippers» die Rede sein müsse, und fuhr fort: «oder sogar wie ein – Busfahrer!» Ich will die Freundin wegen ihres übel kategorisierenden Vergleiches nicht zur Schnecke machen, habe ich doch selber, als ich im Fernsehen den vielgefragten Trendforscher Matthias Horx sah, zum Mitgucker gesagt: «Der sieht ja mittlerweile aus wie ein Mitglied der ‹Puhdys›. Toller Trendforscher!» Das war, streng besehen, eine überflüssige Spitze, denn an sich sieht jeder Mann von einem gewissen Reifegrad an aus wie ein Mitglied der «Puhdys». Die Große Mutter will es so. Daher soll es ruhig geschehen, daß die Kapsel mit dem Botox vom Klospülkasten gleitet und auf dem Kachelgrund zerschellt, damit ihr Inhalt eins wird mit dem ausgefallenen Körperhaargeschmuddel. Ehrt die Große Mutter! Aber wascht euch jeden Tag.

Maltesische Busfahrer indes müssen nicht gebotoxt werden. Einige schienen mir gerade mal 16 Jahre zu zählen, und die waren sich nicht zu fein, entsprechend frisches mediterranes Testosteron in die Gaspedale fließen zu lassen. Eine Altersgrenze nach unten gibt es offenbar nicht, aber es gibt ja auch manch anderes nicht auf Malta, Wald oder Ehescheidungen zum Beispiel. Und so etwas läßt man neuerdings in die EU! Jungmännliche Verstärkung erhalten die Chauffeure nicht selten in Gestalt von gleichaltrigen Kontrolleuren, die, da die Bustüren nie geschlossen werden, auf freier Strecke ins Fahrzeug springen und ohne jedes «Hallo» und «Wie geht's?» die Passagiere mit «Tikkets!» anherrschen, und zwar genau in dem Ton, in dem man andernorts «Schmuck, Bargeld, Uhren, aber dalli» vorgelegt zu bekommen verlangt. Diese überfallartigen Fahrscheinkontrollen durch menschliche Welpen gehören zum Schönsten, was man auf Malta geboten bekommt. Ein Problem ist, daß man weder an den Haltestellen noch an den Bussen selbst erkennen kann, wo sie hinfahren. Wir wollten von Naxxar nach Marsaxlokk, der Bus hingegen rollte vor das Tor der historischen Hauptstadt Mdina.

«Aber die haben wir doch gerade gestern ausführlich besichtigt!» rief der Reisebegleiter. «Das macht doch nichts», erwiderte ich. «Erinnerst du dich an die alte ‹After Eight›-Reklame im Fernsehen? Ein der englischen Oberschicht angehöriges Ehepaar hatte irgend jemanden bei der Ausübung von etwas Unbotmäßigem beobachtet, worauf der Mann zu seiner Frau sagte: ‹Tun wir so, als hätten wir es nicht bemerkt!› Laß es uns ihnen gleichtun. Wir schlendern einfach ein zweites Mal durch die Stadt und sagen: ‹Tun wir so, als hätten wir sie gestern nicht bemerkt!›»

Dies war richtig gedacht und wurde ausgeführt. Erfahrung braucht Wiederholung, um sinnvoll bewertet zu werden. Kostet man einen Käse oder eine Frucht, ist es nicht ratsam, sich auf seinen ersten Eindruck zu verlassen. Um das Spezifische eines neuen Geschmacks zu erkennen, sei es in der Kunst oder in der Ernährung, bedarf es einer gutgestaffelten Versuchsreihe. Einige Wochen warten, und dann mit frischer Lust erneut hineingebissen! Ich habe etwa fünf Anläufe benötigt, um herauszufinden, ob mir eine Tamarillo schmeckt (ja) oder eine Cherimoya (nein). Bei Orten ist das nicht anders. Die Studentin mit der Weihnachtsmannmütze und der Sensenmannsense, die, gehüllt in einen Richtertalar, Prospekte von einer Folter-Multivisionsshow verteilte, war zwar dieselbe wie am Tag zuvor, doch daß in Mdinas Kathedrale das Jesuskind auf einem Bett von keimender Kresse ruht, war uns beim ersten Rundgang gar nicht aufgefallen.

Bus um Bus, Tag um Tag, die Woche kroch leidlich dahin. «Gleich gibt's bestimmt wieder die Wurst», sagte man sich beim Duschen und wurde nie enttäuscht. Treu und schwitzend lag sie in Fünfkilohaufen konkurrenzlos am Buffet, und wir kauten die mit ihr belegten Wattebrötchen schweigsam und erwartungslos wie Bauern auf Gemälden des 19. Jahrhunderts, und wären wir nicht sieben Tage, sondern sieben Wochen geblieben, hätten wir nicht nur vergessen, daß der Lachs im Schloßhotel bei Licht betrachtet nicht besser schmeckt – erloschen wäre in uns auch die Flamme der Zivilisationskritik, wir hätten uns gefügt und die Jahre verstreichen lassen, und dies vermutlich nicht mal ganz ohne Freude, denn ab und zu wäre jemand gekommen, der für uns das Fenster öffnete oder uns wüsche.

Stilistische Nachbemerkung:
Nicht selten kommt es während der Arbeit an einem Buch zu Auseinandersetzungen zwischen Autor und Lektorat. So auch bei diesem Text. Zu Recht wurde der gewiß regelwidrige Konjunktiv im letzten Satz beanstandet. Der Autor erwiderte: Natürlich ist der Konjunktiv am Schluß falsch, das war mir schon beim Schreiben klar. Aber: Hat «öffnete oder uns wüsche» verglichen mit «geöffnet oder uns gewaschen hätte» nicht ein interessant giftiges Pathos, etwas Film-noir-haftes, drohend in die Zukunft Weisendes, welches sagt: «So wird es uns allen möglicherweise ergehen»? Man könnte die Frage gegebenenfalls in einer kurzen «stilistischen Nachbemerkung» zur Diskussion stellen.

Dies ist somit geschehen.

Staunen

Wie umstritten doch das Staunen ist! Ein Kritiker äußerte sich über einen Roman mit den Worten, seine Autorin würde mit einem «Stauneblick» über ihre kleine Welt Bericht erstatten, und meinte dieses ohne Zweifel böse. Unter vornehmen oder auch nur sozialprestigegierigen Leuten gilt das Staunen als Zeichen geistiger Beschränktheit; der Prinz Asfa-Wossen Asserate bezeichnete es in seinem Bestseller über die abendländischen Manieren sogar rundweg als «häßlich». Anderen kann gar nicht genug gestaunt werden. Insbesondere Damen, voran solche, die in Buchhandlungen verkehren, in denen man auch Duftkerzen und Geschenkpapier kaufen kann, sind der Ansicht, daß die Welt voller Wunder sei, jeder Tag ein Geschenk und daß jeder Mensch in seinem Innersten Kind genug geblieben sein sollte, um von früh bis spät zu staunen – wer dies nicht tue, sei geradezu undankbar und kalt.

Nun wird gewiß erwartet, daß der Vater dieser Zeilen sich der strengen Meinung der Vornehmen anschließt und jene der Duftkerzendamen als lachhaft verdammt. Das tut der Vater dieser Zeilen aber nicht. Es geht ihm in dieser Frage wie bei manchen Diskussionen gesellschaftlicher Art, über den EU-Beitritt der Türkei etwa oder die Ausweitung der Ladenöffnungszeiten: Er hält die Argumente sowohl der Befürworter als auch der Gegner für stimmig, sinnvoll und plausibel. Heißt das, ihm sei das Staunen egal? Nein, das ist es nicht.

Unser Planet ist tatsächlich grandios, und jeder Tag, den auf ihm zuzubringen wir die Ehre haben, birgt Überraschungen, sofern man sich nicht technisch oder chemisch zudröhnt. Es darf sehr wohl gestaunt werden! Nur sollte man seinen Kommentarfluß dämmen und es unbedingt vermeiden, beim Staunen allzu erstaunt auszusehen, das heißt, man sollte selbstdisziplinarische Maßnahmen ergreifen, um nicht an jene Grenze zu stoßen, hinter der das Staunen in Gaffen und entfesseltes Plappern übergeht. Wird man zum Beispiel auf einer Party einem Moraltheologen vorgestellt, kann man das durchaus ungewöhnlich finden und zur Sprache bringen, daß man bislang kaum Begegnungen mit Moraltheologen hatte. Viele Menschen sind sich aber nicht bewußt, daß dies auf zweierlei Art geschehen kann, nämlich auf eine gute und eine dumm wirkende, mit der man sich kleiner als nötig macht, und wählen daher von vornherein die dumme, welche ungefähr so geht:

«Wow! Ich glaub, ich spinne: ein Moraltheologe! Ich dachte, die gäbe es nur im Fernsehen, und jetzt steht einer in Fleisch und Blut vor mir wie ein ganz normaler Mensch! Ihr Jackett war wahrscheinlich auch nicht viel teurer als meins. Wie fühlt man sich eigentlich als Moraltheologe? Steht man da morgens auf und sagt, was hab ich nur für ein tolles Leben, oder hat man manchmal auch seine schwachen Tage, an denen man denkt, Moraltheologie finde ich ganz tief drinnen eigentlich nicht mehr so richtig spannend für mich persönlich? Darf ich Sie mal fotografieren? Oh Schock, mein Akku ist fast alle, dabei habe ich den gerade letzte Woche aufgeladen. Aber zehn

Minuten kann ich noch. Nee, 18 sogar. Die Acht sieht nämlich aus wie eine Null in dem idiotischen Mini-Display. Es gibt inzwischen auch Kameras mit größerem Display, aber man kann sich ja nicht jedes Jahr eine neue kaufen, obwohl natürlich die Industrie genau das will! Manchmal ist es aber auch so, daß man auf sein Display guckt und liest: noch 18 Minuten, dann macht man die Kamera aus, und am nächsten Tag steht da: noch 35 Minuten. Die laden sich nämlich ein bißchen von alleine wieder auf, vermutlich von der Sonne oder so. Hier ist es allerdings gerade ziemlich dunkel, ich sollte vielleicht den Mondschein-Modus aktivieren. Wie ging denn das noch mal? Oje, jetzt habe ich aus Versehen die Blumen-nah-Funktion eingestellt, aber die bringt's bei Ihnen vielleicht auch. Darf ich das Foto auf meine Homepage stellen? Aber am besten, Sie gucken da in den nächsten Monaten noch nicht drauf, die ist nämlich noch so ein bißchen under construction. Mann, bin ich aufgeregt, Sie merken das sicherlich, das ist mir wirklich affentittensorry, obwohl ich natürlich den Rat zu befolgen versuche, den mir meine Mutter gab: Wenn du irgendwelche steinreichen oder berühmten Leute triffst, dann denke immer daran, daß die genauso auf Toilette gehen müssen wie alle anderen Menschen auch.»

Der arme Moraltheologe, der sich das anhören mußte! Die bessere, die Würde beider Parteien eher wahrende, leider seltener zu erlebende Art, das Gespräch in Gang zu setzen, spielt sich beispielsweise folgendermaßen ab:

«Ich bin Mitarbeiter von einem der beiden größten Getränkemarkt-Filialisten im Raum Berlin-Brandenburg. Sie werden gewiß nicht zögern, mir darin beizupflichten, daß dies eine ebenfalls interessante Aufgabe ist. Allerdings treffe ich in meinem Berufsumfeld kaum jemals Vertreter Ihres Fachs, obwohl: Weiß man's? Durst hat ja jeder. Inkognito habe ich eventuell schon einigen herausragenden Köpfen Ihres geistigen Bereichs eine Hilfe sein dürfen, und so erlaube ich mir, Ihnen eine Frage zu stellen, die Sie überraschen mag: Scheint es Ihnen nicht auch traurig, daß man infolge der Sprachglobalisierung beim Wasserbestellen jetzt immer gefragt wird: ‹Mit Gas oder ohne Gas?›? Wo ist unsere gute alte deutsche Kohlensäure geblieben? Kohlensäure – das ist so ein tolles Wort! Kohle und Säure! Steckt in diesem Paar, und jetzt berühre ich ein bißchen Ihr wissenschaftliches Terrain, steckt darin nicht der gleiche Dualismus, mit dem Sie sich täglich hirnmäßig abrackern müssen, also jener zwischen Gott und Teufel, Himmel und Hölle, Gut und Böse? Kohle ist dunkel und schwarz, sie zeitigt Schmutz und böse Gedanken, z. B. wenn man sie die Treppe hochtragen muß. Säure dagegen … Nun ja, vielleicht verhalten sich Säure und Kohle nicht ganz so drastisch gegenpolig wie Himmel und Hölle, aber man kann mit Säure ohne Zweifel sehr viel Schönes anstellen! Mir wird gewiß gleich ein Beispiel einfallen … Ja, mit Säure lassen sich auf meisterhafte Weise Namen in Metallschilder schreiben! Ätzgravur! Wird nicht mehr viel praktiziert, ist aber ein äußerst ehrenwertes altes Handwerk. Die Hölle wird mit Kohle befeuert, aber die lieben Engelein im Himmel, die haben möglicherweise alle hübsche Namensschilder in Ätztechnik an ihren wahrscheinlich natürlich unsichtbaren Wohnungstüren. Aber ich will Ihnen da theologisch nicht vorgreifen, und es sind gewiß gewagte Parallelen, die ich soeben zu konstruieren die Stirn hatte, doch muß man nicht dieses oder jenes wagen im Leben? Ich werde Ihnen damit nichts Neues sagen, denn man wird ja schließlich auch nicht Moraltheologe, indem man gedanklich schlaff in süßen Joghurts rührt.»

Man mag einwenden, daß auch die zweite, hier als bevorzugenswert dargestellte Reaktionsvariante viel zu wortreich ausgefallen ist. Doch anders als der erste Redner hat sich der zweite immerhin nicht durch die schlichte Tatsache, daß er jemandem aus einer ihm fernen Welt begegnete, in gaffende Erstauntheit fallen lassen. Er schlug sich stolz und souverän. Erstauntheit wirkt in der Tat oft beschränkt, auch in gedruckter Form: Immer wieder liest man Transkriptionen mündlich geführter Interviews, in denen man den Fragesteller glotzen sieht. Ich denke mir einen hochbetagten Literaturprofessor, der anläßlich des Schiller-Jahres von einem Magazin befragt wird. Zunächst gibt er die Professoren- und Schiller-Antworten, die man von ihm erwartet, plötzlich aber sagt er: «Ach hören Sie mir doch auf mit Weimar! Es gibt auch noch andere kulturelle Glanzperioden. Ich halte z. B. die Blütezeit der Soulmusik in den USA der sechziger und siebziger Jahre dem geistigen Hochstand des klassischen Weimar für ebenbürtig.» Verständlich, daß der Interviewer davon überrascht ist. Aber muß er das in der schriftlichen Gesprächswiedergabe festhalten, indem er ein fettes «WIE BITTE?» als Antwort hineinschreibt? Er erinnert damit an gewisse Leute, die im Kino hinter einem sitzen und keine Gelegenheit versäumen, ihrer Borniertheit in Form von Kommentaren freien Lauf zu lassen: Sie sagen «Hä?» und «Wahnsinn!» und «Mein Gott», pusten empört, schnauben und lachen durch die Nase, und macht ein Schauspieler auf der Leinwand etwas, das sie, die Bornierten, anders gemacht hätten, sagen sie: «Der spinnt wohl!» Man wisse: Borniertheit ist immer laut erstaunt und niemals still erfreut.

In Kreisen, die so fein sind, daß der Vater dieser Zeilen sie nur aus nicht für sein Ohr bestimmten Murmeleien kennt, ist das Wort «erstaunlich» sogar ein Synonym für «gräßlich». Ich will dies an einem Beispiel illustrieren. Wir befinden uns auf einem Empfang anläßlich eines Geburtstages. Der Hausherr, Dr. von Stütengut, steht mit seinem alten Studienkollegen Oberforstverwaltungsratsinspektor Ratibor am Rande der Gesellschaft und führt ein im – höhö! – «allerbesten Sinne konservatives» Gespräch.

«Jaja, mein Lieber, die Töchter! Eben saßen sie noch auf dem Pony, und kaum hat man sich's versehen, leiten sie internationale Auktionshäuser. Ist Ihre liebe Elfi noch in London?»

«Ja, seit zwei Jahren schon. Aber als wir gestern telefonierten, sagte sie, bei ihr stünde noch immer alles voll Kartons, weil die englischen Kartons so blöde seien. Es sei absolut unmöglich, einen englischen Umzugskarton wieder flach zu kriegen. Die hätten so starre Laschen.»

«Von den starren Laschen britischer Kartons habe ich noch nie gehört, aber was Sie sagen, mein Lieber, erstaunt mich natürlich überhaupt nicht. Was Kartonagen angeht, macht uns Deutschen keiner was vor.»

Auf einmal betritt ein unappetitlicher Mann die Szenerie. Man weiß nicht, wer ihn ins Haus gelassen hat oder wer er ist, vielleicht eine Kneipenbekanntschaft eines Mitarbeiters der Catering-Firma? Zuerst steckt der wilde Kerl einer älteren Dame einen Eiswürfel in die Dekolletéritze, was von der unverlangt Gekühlten aber nicht mit Worten, sondern nur mit einem Hochziehen der Brauen kommentiert wird. Dann reißt er sich mit vorgestrecktem Unterleib seinen Hosengürtel aus den Schlaufen und stellt mit Kiosksäuferstimme die Vermutung an, daß die «Gnädigste» wohl «seit fünfzig Jahren mindestens» keinen Mann mehr gesehen habe, der sich seines Gürtels entledigte, worauf von seiten der Dame nichts als ein stolzes Kichern laut wird. Nun steht er dumm da und will irgendwas peitschen mit seinem lächerlichen Neo-New-Wave-Nietengürtel. Die sogenannte «Gnädigste» zu attackieren, die inzwischen den Eiswürfel aus ihrer Busenteilung entfernt hat und sich mit diesem, auf eine Weise lächelnd, die nicht einmal nervös ist, polierend die Stirn erfrischt, dazu ist der Mann wohl doch nicht betrunken genug, also versucht er nach einigem Schwanken, mit dem Gürtel auf einen auf einer Anrichte abgestellten Stapel leergegessener Kompottschalen einzupeitschen, indem er schreit: «Mitten in der Nacht Kompott fressen, das könnt ihr!», doch verfehlt er sein Ziel, und ehe er ein zweites Mal ausholen kann, wird er von drei jüngeren männlichen Gästen mit geübten Sportlergriffen von hinten gepackt und «hinausbegleitet». Der Oberforstverwaltungsratsinspektor richtet das Wort an Dr. von Stütengut:

«Ich glaube, mein Lieber, wir sprachen von den unerfreulich starren Laschen britischer Kartonage, bevor wir von diesem *ganz erstaunlichen jungen Mann* unterbrochen wurden.»

Nein zum Masermontag

Ostern, Pfingsten, Weihnachten: Durchblättert man seinen Kalender, fällt auf, daß diese Ereignisse auf eine rhythmisch ungleichmäßige, ja wackelige Weise aufeinanderfolgen und daß im Frühherbst eines völlig fehlt, nämlich ein richtig schön gesellschaftslähmender und wirtschaftsschädigender Doppel- bis Dreifachfeiertag. Ich schlage vor, ihn am Ende der dritten Septemberwoche regional begrenzt versuchshalber einzuführen und «Masern» zu nennen. Nicht etwa, um eine Verwechslungsgefahr mit der gleichlautenden Kinderkrankheit zu konstruieren, sondern weil das eben so ist in kultivierten alten Sprachen: Unterschiedliche Dinge haben den gleichen Namen, und sollte ein Kind zu Masern die Masern bekommen, würde sich die gleiche Heiterkeit einstellen wie an einem feuchten Tag, an dem man von Gießen nach Regensburg reist.

Wichtig ist, daß am Freitag vor Masersonntag aus irgendwelchen Gründen, die mittlerweile 80 Prozent der Bevölkerung unbekannt sind, die Geschäfte geschlossen bleiben, damit am Sonnabend eine Vorfreude vortäuschende Turbulenz beim Einkaufen herrscht. Am Sonntag morgen werden mehrere der eingekauften Dinge zu leichter Feiertagsklassik aus dem Radio verzehrt. Anschließend geht man einige Stunden lang in blaßlila oder beigen pflegeleichten Übergangsparkas aus atmungsaktivem Mikrofasermaterial durch außerordentlich unquirlige Straßen. Damit man damit nicht zu rasch fertig ist, wird vor jedem

Geschäft zwei Minuten stehengeblieben, also auch vor «kik», «pimkie» und «Wiener Feinbäckerei». Die Speisekartenaushänge geschlossener Restaurants werden nicht nur ausgiebig studiert, sondern laut vorgelesen. Auf dem Pflaster unter Zigarettenautomaten wird nach Münzen gesucht, weil doch Besoffenen vor Feiertagen gerne mal was runterfällt. Dann wird was mit Pfifferlingen gegessen. Die Frauen rühren mit Messern die Kohlensäure aus dem Selterswasser, damit sie keine «Musike» machen beim Trinken. Kleinere Kinder umfassen die Brausegläser mit beiden Händen, und selbst wenn sie dabei nicht mit dem Glas an ihre Brille stoßen, sehen sie rechtschaffen blöd aus, wie trinkende Kinder eben. Ich erwähne dies nur, weil das Musical «Kinder, deren Glas beim Trinken an die Brille stößt» noch nicht geschrieben ist. Die Kellnerin kann beim Kinderteller die Pommes nicht durch Püree ersetzen, weil sie nicht weiß, wie sie das bongen soll. Vorletztes Masern wußte der Kellner nicht, wie er Cola-Bier bongen sollte! Schließlich verlädt man die Sippe ins Auto, um einen dreißig Kilometer entfernten See mit Wildschweingehege zu umrunden. Leider hat jemand einen jugendkulturell mißbrauchten Päckchen-Aufkleber der Post auf die Wandergebietstafel geklebt, so daß man den Weg zur Siebenmärchenlaterne von allein finden muß, was kein Problem ist, da alle anderen dort auch hingehen, um vor der bereits oster- und pfingstberühmten Siebenmärchenlaternentoilette anzustehen, die nicht den Richtlinien des Internationalen Toilettenkongresses von Singapur entspricht. Wer keine Sippe hat, nimmt sich vor, Masersonntag seine Zettel zu ordnen, macht das dann aber doch nicht, sondern hängt irgendwie rum und traut sich nicht, jemanden anzurufen, weil: ist ja Masern. Da machen alle in Sippe.

Ob Sippe oder keine, Masermontag sind alle müde. Glücklicherweise bringen sämtliche Fernsehsender von mittags bis frühabends westdeutsche Spielfilme aus den fünfziger Jahren, z. B. diesen: Ein Witwer zieht mit drei bildhübschen Töchtern in eine kleine Stadt. Zwar gab es während der Zeit der Filmentstehung so gut wie keine Witwer, dafür um so mehr Witwen, aber so hart wollte man die Zuschauer damals nicht an die Realität ranknallen lassen. Die Leute wollten doch vergessen und sich mal anderthalb Stunden milde betäubt zurücklehnen! Also Witwer statt Witwe.

Im Ort sind auch drei junge Männer, die machen Musik. Aber was für welche! One-two-three-o-clock-four-o-clock-rock! Da quäken die polierten Kannen, da wirbelt der Baß: Humptumtum, humptumtum, humptumtumtumtumtumtum ... Zum Ohrenzuhalten ist das, zumindest nach Meinung der Saturierten und Beleibten im Ort. Die drei süßen Witwerfratze sind da natürlich ganz anderer Meinung! «Oh Vati», rufen sie mit ihren glockenhellen Frätzchenschnuten, «erlaub's doch bitte, daß wir am Samstag zum Lindenwirt tanzen gehen, bitte, Vati, gib deinem Herzen einen Ruck und einen Puff und einen Knuff noch obendruff und erlaub's schon.» Der Witwer aber hat Höheres vor mit seinen Mädchen. Sie sollen die Nase in ihre Schulbücher stecken! Die väterlicherseits Verplanten verständigen sich nun tuschelnd auf eine List: Sie holen drei Kohlköpfe aus der Speisekammer, präparieren sie mit Wollfäden gemäß ihrer Haarfarbe und legen diese in ihre Betten. Als es dunkelt, steigt der Witwer die Treppe zum Schlafzimmer seiner drei Mädels empor und sieht die täuschend ähnlichen Kohlköpfe auf den Kopfkissen. Ganz gerührt ist er und murmelt: «Die schlummern schon selig, meine unschuldigen Fratze. Das viele Lernen strengt eben an!» In Wirklichkeit sind die Mädchen natürlich ganz woanders: Humptumtum, humptumtum, humptumtumtumtumtumtum ... Dummerweise hat Senta, die Haushälterin des Witwers, dargestellt von Erna Sellmer, tagsüber im Waisenhaus des Nachbarorts für die Kinder Plätzchen mit lustigen Gesichtern gebacken, und auf der Rückfahrt kriegt ihr Fahrrad just vor dem Lindenwirt, wo gerade die große Jungeleutesause im Schwange ist, einen Platten. «Na, der Toni-Wirt wird mir schon helfen!» sagt sie und öffnet des Wirtshauses Türe. Was muß sie nun hören? Humptumtum!

Und was muß sie gar erst sehen? Ölige Coca-Cola-Knaben, die rhythmisch fingerschnipsen, waagrecht in der Luft stehende Pferdeschwänze pilzförmig wirbelnder Petticoat-Mädchen! Die drei Witwerfratze mittenmang! Das bleibt nicht ohne Folgen in Form strenger häuslicher Gespräche und Ermahnungen.

Am nächsten Tag durchzieht die Kunde den Ort, daß Direktor Clemens Brontanus, der zwar angesehene, aber wenig beliebte reichste Mann der Gegend, ausgeheckt hat, das Lokal «Zum Lindenwirt» zu kaufen, um es in eine Bügeleisenfabrik zu verwandeln. «Aber wo sollen Peter, Franz und Sepp dann ihre Musik üben?» greinen die Fratze, mit den kleinen Fäusten auf zeittypische Mehrzweckkleinmöbel hauend. Ihr Vater, der ihnen insgeheim längst nicht mehr böse ist, faßt einen Entschluß. Er sucht den dicken Direktor Brontanus in dessen riesigem Wohnzimmer auf, wo er sogleich einen Cognac serviert bekommt, denn in Filmen der fünfziger Jahre trinken establishmentwamperte Herrschaften immer am hellichten Tage Cognac aus drehbaren, elektrisch beleuchteten Hausbars. «Etwas anbieten» nannte man das. Der Witwer läßt sich allerdings trotzdem nicht becircen. «Sie waren wohl niemals jung!» poltert er. «Aber mein Lieber, ich verstehe Sie doch!» beschwichtigt der Fabrikant. «Nur leider: Ich habe bereits Verträge mit Japan und Brasilien. Mir sind die Hände gebunden!» Am Küchentisch des Witwerhauses dann Kriegsrat. Senta, der resoluten Haushälterin mit dem erst am Ende von Filmen wirksam werdenden guten Herzen, fällt ein, daß sie einen Schwager in Amerika hat, der dort bügelfreie Hemden herstellt. Der wird schreiend antelefoniert, und keine zwei Tage später kommt er, dargestellt von Gus Backus, am Flughafen an und eröffnet überall im Ort Geschäfte mit Sachen aus Perlon und Nylon. «Und damit Sie es nur wissen – mit Japan und Brasilien habe *auch ich* Verträge!» ruft er dem ungläubig die neuartigen Fasern betastenden Direktor Brontanus zu, der daraufhin knurrend eine wegwerfende Geste macht und im Film nicht mehr vorkommt. Der Lindenwirt bleibt also! Hurra! Die überglücklichen jungen Leute laden den Witwer und Senta zu ihrer nächsten Rock'n'Roll-Party ein. «Ach, das ist doch nichts für uns gehobene Hausnummern», sagen die beiden und werfen einander schäkernde Blicke ältlicher Verliebtheit zu. *Natürlich* werden sie vielstimmig überredet, und wie sie am Samstag das Lokal betreten, intoniert die Musikkapelle die stimmungsvolle Bergserenade «La Montanara». Den beiden Alten stehen Tränen in den Augen: «Ihr könnt also auch *richtige* Musik spielen!» «Aber ich glaube», fügt Senta in jener weichen Stimme hinzu, die am Ende eines ausgeklügelten Triumphes steht, «wir ziehen uns jetzt lieber zurück! Euer Vater und ich haben noch eine nicht ganz unwichtige Kleinigkeit zu besprechen.» Kaum daß die beiden aus der Tür sind, wechseln die jungen Musiker wieder in den Takt der ihnen angemessenen «neuen Zeit»: Humptumtum, humptumtum …

Nach der Versöhnung der Generationen heiraten fast alle. Das Schlußbild bildet ein von hinten gefilmter Reisebus mit scheppernden Dosen hintendran. In der letzten Reihe kniet ein auf die hinter ihm liegende Straße schauender kleiner Junge, der in dem Film eine grelle, quengelnde, den Teenagern jedoch behilfliche Nebenrolle spielte, auf die in dieser genrezusammenfassenden Nacherzählung beim besten Willen nicht auch noch eingegangen werden konnte. Er winkt dem Zuschauer nicht nur nach, sondern zwinkert ihm auch zu. Die Musik schwillt zu heiterer Auflösung an, und in fetter Pinselstrichschrift erscheint über dem Winken und Gezwinker das herrliche Wort «Ende».

Nach einem Film dieser Sorte ist man malade, nach zweien multimorbid, nach dreien multimorbid-moribund. Man kann dann nur noch um 21 Uhr ins Bett gehen und darauf warten, daß wieder normale Tage kommen. Immerhin aber wird an Masern nicht das Fürchterliche passieren, das alle paar Jahre zu Weihnachten geschieht: daß nämlich auf einen runterziehenden, überheizten, ungesunden und auslaugenden Zweiten Weihnachtsfeiertag ein Sonntag folgt.

Soll man das Maserfest einführen? Ich plädiere herzhaft für Auf keinen Fall! Und wenn man schon dabei ist, das Maserfest uneingeführt zu lassen, kann man ja auch gleich die drei anderen sinnlos zerdehnten christlichen Hauptfeste etwas straffen. «Und was ist mit dem Glauben?» rufen die Freunde des Status quo, «sowie mit den Kindern, denen man sich an solchen, wie Sie es nennen, ‹zerdehnten Hauptfesten› endlich einmal ausführlich zuwenden kann?» Obwohl ich es eigentlich nicht schätze, wenn jemandem, der einen seriösen Einwand vorträgt, ein «Ach, schauen Sie doch mal nach Südostasien!» an den Kopf geschleudert wird, erwidere ich: «Ach, schauen Sie doch mal nach Südostasien! Dort haben die Leute noch viel mehr Religion und Kinder als hierzulande, und die sperren ihre Läden nie zu!»

«Ganz gutes Argument», sagt zum Abschluß irgend jemand, dessen Seriosität ich nicht einschätzen kann.

Die Verbesserung von Jessicas Mutter
mit Hilfe eines Mülleimers

Repräsentative Bildbände – Coffee Table Books – gibt es zwar auch heute noch nicht über Krethi, Hinz, Plethi und Kunz, doch erstaunlich vielem anderen wendet man sich umfangreich zu, Harfen aus der DDR, kieferchirurgischen Instrumenten des Biedermeier, philippinischer Hochzeitsfotografie, und alljährlich taucht, wie es scheint, unversehens ein neuer Trumm mit bislang unpublizierten Fotos der Beatles auf, der noch schwerer ist als der vorjährige. Daher halte ich es für wahrscheinlich, daß auch ein Bildband mit Porträts der hundert einflußreichsten Frauen der Bundesrepublik Deutschland auf dem Markt ist. Man müßte ihn nicht unbedingt kaufen, um seinen Inhalt einer Analyse zu unterziehen, ja man müßte sich damit noch nicht einmal in die Lese-Nische einer unserer Rolltreppen-Buchhandlungen begeben – es reicht vollkommen aus, sich das Werk vor sein geistiges Auge zu projizieren, um eine große Vielfalt in der Selbstdarstellung zu erkennen. Hie die empfangszimmerwarme Ersatzmajestät der Friede Springer, da die lustige Gesine Schwan mit Minirock und Lockenturm und dazwischen Enges wie Weites, Dunkles und Helles, Blusenknopf offen wie Blusenknopf zu. Nicht eine der einflußreichen Frauen aber wird – ich garantiere: nicht eine einzige – eine Schultertasche oder einen Rucksack tragen, an dem ein Miniatur-Teddybär befestigt ist.

Liefe jemand zum Zwecke statistischer Erhebungen durch eine Fußgängerzone, würde er zu dem Resultat gelangen, daß um die zehn Prozent aller erwachsenen Frauen (aber höchstens ein Prozent der Männer) eine Puppe, Tigerente oder, meistens, einen Teddybären an ihrer Tasche befestigt haben. Es ist dies ein Phänomen des frühen 21. Jahrhunderts; noch vor wenigen Jahren hätte man in jemandem, der sich mit einem solchen, von der Schnickschnackindustrie «Bag Charm» genannten Zierat ausstattet, einen Angehörigen einer therapeutischen Wohngemeinschaft gesehen, einen, der es schwer hat, sich im Leben zurechtzufinden, und professioneller Betreuung bedarf. Daß sich das Bärentragen zu einer Massenerscheinung entwickelt hat, ist indes nicht aus ästhetischen Gründen betrüblich. Es gibt weiß Gott häßlichere Dinge als kleine Teddys. Betrüblich ist vielmehr, daß den Trägerinnen nicht bewußt zu sein scheint, was für verheerende soziale Signale sie aussenden. Kein Personalchef wird einem Menschen einen verantwortungsvollen Posten überlassen, der mit einem Teddybären zum Bewerbungsgespräch kommt. Leider sagt den Bärchenfrauen niemand, wie der Hase läuft. Sie haben keinerlei milieuüberschreitende gesellschaftliche Kontakte und empfinden vielleicht jeden, der sich kein Spielzeug ans Stadtgepäck heftet, als abgehoben und herzlos. Kinder sollten in dieser Frage auf ihre Mütter einwirken, denn «Erziehung darf keine Einbahnstraße» sein.

So sitzt beispielsweise Jessica gerade mit ihrer Mutter in der Küche und denkt: «Sie hat mich sechzehn Jahre lang genährt, beschützt und gebettet, wofür ich sie immer lieben werde. Doch nun muß ich *ihr* mal etwas Gutes tun!» Sie sagt: «Mutter, hol bitte deine Handtasche von der Flurablage!»

Die Mutter denkt sich: «Vermutlich möchte meine Tochter ein Pfefferminzbonbon lutschen», und tut wie verlangt.

Die Tochter spricht: «Jetzt mach das Bärchen von der Tasche ab und wirf es in den Mülleimer!»

Die Mutter: «Aber warum denn? Das ist doch süß! Ein harmloser Modeartikel!»

Die Tochter möchte nicht diskutieren. Sie springt auf, tritt auf den Treter des Trittmülleimers und deutet auf des Eimers dunklen Schlund:

«Dahinein! Und zwar sofort!»

«Warum? Wa-rum!» jammert die Mutter.

«Weil ich eine Mutter haben möchte und kein verdämmerndes Riesenbaby ohne Aufstiegschancen!»

«Gut, wenn du meinst, daß ich ohne meinen Bobo irgendwohin aufsteige, bitte schön!» Die Mutter, erregt und noch zu frisch beleidigt, um auch nur zu schluchzen, versucht den Knoten in dem mit goldenen Herzen bedruckten rosa Geschenkband zu lösen, mit dem sie Bobo am Henkel ihrer Tasche befestigt hat, doch der Knoten ist alt, hart, eng und grausam gegen Fingernägel.

«Nimm die Schere, Mutter!»

Nachdem der Bär auf einer mit Zigarettenkippen bedeckten Lage Kohlrabischalen gelandet ist und seine Besitzerin aus der Küche gerannt, öffnet Jessica den Kühlschrank und entdeckt darin einen Becher mit graugrün gemusterter Buttermilch, den sie über dem rücklings im Eimer liegenden Bären auskippt. «Sonst ist sie in der Lage und klaubt ihn wieder heraus!»

Jessica zweifelt. War sie zu hart? Springt man so mit seiner Mutter um?

Während sie sich solcherlei Fragen stellt, tut sie kleine, nichtige Dinge, wie sie Menschen eben tun, wenn sie in zweifelnde Überlegungen verstrickt sind: Sie öffnet das Fenster. Sie sieht, daß im Hof nichts passiert. Sie hat auch nicht erwartet, daß im Hof etwas passiert; sie hat das Fenster ja «nur so» aufgemacht, und jetzt macht sie's wieder zu. Sie betrachtet ihre Fingernägel und beurteilt sie als hinreichend gepflegt. Um das Ekzem zwischen Mittel- und Ringfinger wird man sich eines Tages zwar kümmern müssen, aber ihre «Monde», also die hellen Bogen am unteren Nagelrand, sind tatsächlich nahezu perfekt. «Monde» hat Mutter dazu immer gesagt: «Ich wollte, ich hätte so schöne Monde wie du!» Da entdeckt sie eine leere Wasserflasche auf dem Ceranfeld, aber ohne Verschluß. Wo mag der sein? Sie findet ihn auf dem Wohnzimmertisch und schraubt ihn auf die Flasche, die sie in die Ecke stellt, in der in diesem Haushalt leere Flaschen stehen. Dann setzt sie sich und versucht, mit dem Fingernagel einen uralten Wachsfleck vom Küchentisch zu kratzen; das gelingt ihr, doch unter dem Wachs ist das Holz häßlich aufgehellt, was sie ärgert. Sie greift nach einem unwichtigen Brief, der seit Tagen auf dem Tisch liegt, erwägt kurz, ihn wegzuwerfen, und überlegt es sich anders. Der unwichtige Brief wird aufs Ceranfeld gelegt. Erneut öffnet sie das Fenster und sieht, daß im Hof nichts passiert. Sie ist eine einsame Tochter, die das erste Mal in ihrem Leben Herrschaft ergriffen hat. Es pumpt das Herz und dröhnt die Stirn. Sie schmiert sich ein Knäckebrot.

Da kommt die Mutter in die Küche und setzt sich an den Tisch zu ihrer Tochter, aber nicht, wie zu erwarten war, verweint und strubbelig. Sie ist im Bad gewesen, hat sich gekämmt und sorgfältiger als sonst geschminkt.

«Möchtest du auch ein Knäcke, Mutti?»

Leise Bejahung der leise gestellten Frage.

Jessica schmiert ihrer Mutter ein Knäcke. Ernst und knuspernd, noch keinen Blick auf den anderen wagend, sitzen die Frauen an zwei Seiten des Tisches. Dann wird der Blick gewagt und erleichtert lächelnd durch die Nase ausgeatmet.

«Jetzt muß ich zum Sport, Mutti!» sagt Jessica nun abrupt und eilt in ihr Zimmer, um die Sportsachen zu holen, aber wie sie die Wohnung verlassen will, steht die Mutter an der Tür. «Warte!» sagt die, streicht der Tochter mit dem Handrücken über die Wange und fährt mit der traurigsten und wärmsten aller warmen und traurigen Stimmen fort: «Danke, Jessica!»

Zwar ist nicht anzunehmen, daß der verbesserten Mutter in den nächsten Tagen die Leitung eines globalen Soft-Drink-Kombinats übertragen wird, aber ein Schritt in eine gute Richtung ist immerhin getan! Gelobt sei Jessica! Was waren das für glorreiche Zeiten, als noch anstand, die Frauen von ihren Unterdrückern zu befreien! Was für triste Zeiten heute, in denen man sie von ihrem grauenhaften Drang zur Selbstinfantilisierung befreien müßte und nicht weiß, wie man das machen soll. Nicht jede sagt danke, wenn man ihr den Bären abschneidet.

Zum Abschied eine Abschiedsszene:

Eine mir nur flüchtig bekannte Frau aus der Nachbar-

schaft, etwa fünfzigjährig, mit der ich an einer Fußgänger-
ampel ein paar Worte gewechselt hatte und anschließend
ein paar Meter gemeinsam gegangen war, verabschiedete
sich schließlich von mir am U-Bahn-Eingang. Sie wollte
zu ihrer Mutter fahren. Doch sprach sie nicht: «Ich fahre
jetzt meine Mutter besuchen», sondern sie sagte mir, einem fast Fremden: «Ich fahre jetzt meine liebe Mutti besuchen, die übrigens eine ganz ganz Süße ist!»

Wenn endlich der neue Feminismus kommt, der bald
prophezeit, bald bereits gesichtet wird, dann wird er unter anderem an diesem Punkt ansetzen müssen.

Unheimliche Geschenke

1. Die sich beschenkt Wähnenden

«Ich find mich überhaupt nichts Besseres als die anderen, ich hatte halt wahnsinniges Glück!» Oder: «Wenn ich bei meiner Family in Bautzen bin, esse ich jeden Tag Grützkohl mit Mauke! So heißt bei uns Kartoffelbrei.» Oder: «Wer bin ich denn schon, verglichen mit dem Dalai Lama oder mit diesem unglaublichen Mann, der letzte Woche dieses eine Kind aus der Alster gezogen hat?» So oder ähnlich hört man allenthalben Talkshow-Teilnehmer reden. Selbstkritik und Bescheidenheit sind in der Tat wertvolle Talente, nur sollte man dafür sorgen, daß man bei ihrer Ausübung allein ist; in aller Öffentlichkeit munter ausgesprochen, riechen sie leicht nach jener strategischen Demut, deren alleiniges Ziel es ist, sympathisch zu erscheinen. Unter Interviewgästen, die danach gieren, um jeden Preis wie «einer von uns» zu wirken, «der alte geblieben» und «überhaupt nicht abgehoben» zu sein, hat sich in den letzten Jahren eine Floskel breitgemacht, die in ungezählten Variationen existiert, aber summa summarum wie folgt zitiert werden kann:

«Ich finde es ein unheimliches Geschenk, daß ich hier sitzen darf.»

In der enthemmt ausgeplauderten Bereitschaft, in allem nicht ganz Schlechten, das einem widerfährt, selbst in der Einladung, auf einem Talkshow-Sessel Platz zu nehmen, ein wahlweise wahnsinniges, riesiges oder unheimliches Geschenk zu erkennen, offenbart sich wohl vagabundierende Gottessehnsucht. Ein gläubiger Christ kann sich in aller Stille bei seinem Herrn bedanken; das können die Schauspieler, Sportler und Ratgeberautoren, die das Gros der Talkshow-Prominenten stellen, bedauerlicherweise nicht, da sie ja, wie sie seit Jahrzehnten nimmermüd verkünden, «nicht im eigentlichen Sinne religiös» sind, also nicht im Sinne von: «da sitzt ein alter Mann mit einem Bart auf einer Wolke», allerdings doch «manchmal» glauben, daß da «irgendwo» «etwas» ist. An dieser Stelle bringt sich meist das aus den USA eingeführte Schwätzerwort von der «Spiritualität» ins Spiel. Bei einem «Etwas», das irgendwo vermutet wird, kann man sich freilich nicht daheim im stillen Gebet bedanken, folglich muß vor möglichst vielen Leuten austrompetet werden, daß der Beruf, den man ausübt und, mehr noch, die Aufmerksamkeit, die man damit erregt, unheimliche Geschenke seien. Vielleicht hört's der leider Gottes unbekannte Schenker ja und schenkt einem noch was?

Was an der Geschenk-Floskel so unangenehm berührt, ist der Anschein, daß ihre Verwender in dem Irrtum leben, sie seien privilegiert. Es mag gewiß Leute geben, die jemanden beneiden, der in einer Familienserie mit Seehund die Tochter des Leiters der Seehundpflegestation spielt, aber beileibe nicht jeder, der über das Beschenktheitsgefühl der Schauspielerin aufgeklärt wurde, ist betrübt darüber, daß ihm eine vergleichbare «Wahnsinnschance» bislang nie eröffnet wurde. Manch ein Würmchen aus dem Randbereich des S-Bahn-Netzes wurde schon mit Spott und Häme, gnädigstenfalls mit Mitleid bedacht, als es im Fernsehen seine neue Riesenchance, also Schnulli-Single, präsentierte. Viele Leute sind ganz gern Qualitätsmanagement-Beauftragte in einer weltweit operierenden Getreidemühle oder Junior-Analysten in der Werbewirksamkeitsforschung und wollen gar nicht dabei fotografiert werden wie sie ein Event-Zelt betreten, um darin, Worte untertänigsten Dankes ausschüttend, ein extrem übel gestaltetes Metallobjekt entgegenzunehmen. Wegen der großen Zahl und der Durchschnittlichkeit der meisten Ausgezeichneten haben solche Veranstaltungen nämlich jederlei echten gesellschaftlichen Glanz eingebüßt.

Auch das Leben einer Serien-Schauspielerin hat nur wenig an sich, worum sie vom wahrnehmungsfähigen Teil der Allgemeinheit beneidet werden müßte. Manche scheinen sich mit dem Prestige alter UFA-Diven ausgestattet zu fühlen, sonst müßten sie sich ja nicht immer mit den Hinweisen auf ihr Riesenglück und ihre unverdiente Bevorzugung bei denen entschuldigen, die es ihrer Meinung nach nicht ganz so prächtig getroffen haben. Mit was eigentlich könnte man das soziale Prestige einer heutigen Privatsenderserien-Schauspielerin vergleichen?

Höher als das einer Pekinger Straßenkehrerin ist es schon noch. Es ist evtl. zu vergleichen mit dem eines Losverkäufers im Zoo. Ja, das ist ein sehr treffender Vergleich: Selbst in Zeiten allerstrengster Demokratie darf noch lange nicht jeder im Zoo Lose verkaufen!

Ich kenne jemanden, in dessen Wohnstraße, da sie zum einen von einigen schönen Hausfassaden gesäumt, zum anderen ihrer Kürze wegen leicht abzusperren ist, seit

Jahren die Außenaufnahmen für eine, wie er sagt, «ziemlich kranke» RTL-Krimiserie gedreht werden. An dieser Stelle möchte ich jedem Großstadtbewohner davon abraten, in eine kurze Straße mit schönen Häusern zu ziehen! Mein Bekannter jedenfalls ist, wie auch einige seiner Nachbarn, recht mißvergnügt über die ewigen Schundproduktionen, zumal die LKW-große Catering-Bude für die Mitwirkenden direkt unter seinem Arbeitszimmerfenster aufgebaut zu werden pflegt. Als eines Abends – es war wohl ein Nachtdreh – die Filmscheinwerfer wieder einmal besonders expressionistische Muster an die Wände seiner Wohnung warfen, bereitete er sich ganz allein das studentenpartyartige Vergnügen, die Wurstbude der Fernsehschaffenden und deren Nießnutzer aus dem Fenster heraus mit Erdnüssen zu bewerfen. «Plik da Plok da Pluk» machte es auf dem Dach der Versorgungsbude, und die Crew-Leute schauten fragend in die Gegend, entdeckten aber den Verursacher der Störung nicht. Mein Freund jedoch hatte kurz danach einen immensen kleinen Spaß, als es ihm glückte, eine Nuß direkt in den Kaffeebecher einer sich von der Catering-Station entfernenden Schauspielerin zu werfen, was nicht ohne Gespritz vor sich ging, worauf die Schauspielerin bedauerlicherweise nicht sagte: «Was krieg ich denn da schon wieder für ein unheimliches Geschenk?», sondern in der schärfsten und junkieartigsten Stimme, die nur denkbar ist, schrie: «MANN SCHEISSÄ EY!»

Sie habe sehr schlecht geschrien, sagte mein Bekannter. Es ist allgemein festzustellen, daß jüngere Schauspieler schlecht schreien, und man hat reichlich Gelegenheit, sich davon zu überzeugen – im Theater fängt spätestens nach fünf Minuten jemand, meist eine Frau, zu schreien an. Sie sollten sich allesamt ein paar Stunden Schrei-Nachhilfe schenken lassen, dann hätten sie wirklich einmal etwas, wofür sie unheimlich dankbar sein müßten.

2. Ein (ausnahmsweise mal wirklich!) unheimliches Geschenk

Man öffnet die Tür. Ein Geschenk liegt auf dem Fußabtreter. So richtig schön mit Geschenkpapier und von der Verkäuferin mit einem Kräuselmesser gekräuselten Schleife. Absender ist keiner drauf. Was wohl drin ist? Keine Zeit, jetzt nachzusehen. Man muß schlafen. Auf den Küchentisch mit dem Geschenk. Am nächsten Tag: Uff! Geschenk auf Küchentisch! Merkwürdig: Die Kräuselschleife schlaff wie altes Radieschengrün. Und warum ist der Zuckerstreuer umgefallen? Egal. Man muß zur Arbeit. Am Abend: Schock! Das Geschenk fluoresziert. Es bewegt sich. Es ist größer geworden. Aus dem Karton dringt eine Stimme. Die von Agnes Windeck, u. a. Mutter von Inge Meysel in den «Unverbesserlichen» und Synchronstimme der alten Frau in «The Night of the Hunter». Eine seltsame Sprache spricht sie: PALDIES PLUDMALE, PALDIES PLUDMALE, immer wieder PALDIES PLUDMALE. Man weicht zurück. Schnappt sich einen Koffer. Keine Zeit mehr, was reinzutun. Man läuft aus dem Haus. Kehrt nie mehr zurück. Beginnt neue Existenz. Auf neuem Kontinent.

Hannah Arendt hat recht

Vor Zeiten las ich etwas über kunstsinnige Briten, die sich der Mühe unterzogen hatten, ihre Literatur nach dem schönsten Satz der englischen Sprache zu durchforsten. Der von ihnen ausersehene Satz gefiel auch mir außerordentlich. Es war darin von sanften Hügeln und einem Bachtal die Rede, und obwohl ich mir den Satz nicht gemerkt habe, läßt sich getrost vermuten, daß das beschriebene Bachtal weder linealhaft gerade verlief wie der Mittellandkanal noch unangenehm durch abrupte Richtungswechsel auffiel, sondern eher der Spur von Quecksilber glich, das auf einem von einem zitternden Trinker schief gehaltenen Dessertteller ausgegossen wird – aber nein, das ist gar nicht schön, jedenfalls nicht so schön wie der prämierte englische Satz, der, da er sich einem gemächlichen Dahinkriechen widmete, nicht kurz sein konnte, bei aller Länge aber doch klar war und bei aller Klarheit vertrackt und verträumt.

Ein solcher Satz ließe sich leicht auch im Deutschen finden, dachte ich, machte mich aber nicht auf die Suche, weil meine Bibliothek nicht umfassend, meine Findigkeit nicht überragend ist und andere das besser können; die Klugen, die ich kenne, sagen wie aus einem Munde, daß die schönsten Sätze bei Adalbert Stifter zu finden seien, und wer wäre ich, das anzuzweifeln? An mir soll es heute vielmehr sein, den *häßlichsten* Satz der deutschen Sprache zu präsentieren. Ich fand ihn im Jahre 2005 in der Theaterrezension einer «Qualitätszeitung». Dabei ist der Satz nicht etwa häßlich, weil er unharmonische Vokalfolgen enthielte, zischende Konsonantenhäufungen oder grammatische Unbilligkeiten, sondern der schieren Dummheit und Bedenkenlosigkeit wegen, die er ausdrückt. Er besteht ausschließlich aus Phrasengerümpel. Auch ist er nicht auf ungewöhnliche Weise häßlich, sondern auf exemplarische: Den Bauteilen, aus denen er sich zusammensetzt, begegnet man täglich. Der Satz ist nichts als Lügenschaum und dumme Fratze. Er lautet:

In schonungslos verknappter Sprache bringt er die alltägliche Gewalt auf die Bühne und liefert so eine radikale Bestandsaufnahme des Lebensgefühls einer Generation.

Gehen wir das Floskelscheusal von vorn bis hinten durch:

Schonungslos verknappt

Die Verknappung sprachlicher und anderer gestalterischer Mittel kommt dem Denkmüden und Unempfindlichen stets zupaß. Alles wird so schön übersichtlich. Der Reduktionismus wird nun seit Jahrzehnten als künstlerisches Allheilmittel gepriesen, und diejenigen, die es lieben, sich von Knappheit berieseln zu lassen, vertreiben eventuelle Zweifel nur allzugern, indem sie jene paradoxe Spruchweisheit bemühen, nach der es ja stets das Einfache sei, das am schwierigsten zu machen und daher eh am besten. Eine Lüge ersten Ranges. Es gilt aus der Fülle der kulturgeschichtlich erworbenen Möglichkeiten die jeweils angemessenen auszuwählen, seien die nun simpel oder kompliziert. Wozu hat sich die Menschheit bis ins 21. Jahrhundert gequält? Damit sie am Ende an rohen Kartoffeln erstickt?

Die alltägliche Gewalt

Wir kennen und schätzen den Hitchcock-Film «Fenster zum Hof», in dem James Stewart, infolge eines Unfalls behindert, durch ein Fernrohr die teils banalen, teils dramatischen Geschehnisse in den übereinandergeschichteten Lebensräumen seines Nachbarhauses beobachtet. Es ist, zumal für einen Theatermenschen, sicherlich eine reizvolle Sache, diese Szenerie auf eine gefällig «radikalisierte» Art in die Gegenwart zu transferieren, indem man an einem vielgeschossigen Wohnblock der architektonisch blamableren Art vorbeifährt und sich dabei vorstellt, in sämtlichen Parzellen oder Waben, nennen wir sie Wohneinheiten, würden Menschen einander Grausamkeiten zufügen. Die Fenster wären hell erleuchtet und gardinenlos, und man sähe alles: Im siebten Stock wird gewürgt, im achten erstochen, im neunten schlicht geprügelt, und in der Wohnung rechts davon wird eine Frau vergewaltigt, im Stock darunter ein Junge. Das Problem ist, daß diese Phantasie leichtfertig und *jedermannlike* ist und daher zu jenem Klischee versteinerte, das man «die alltägliche Gewalt» nennt. Leute, die sogenannte «Brennpunkte» bloß vom Hörensagen und tätlichen Vermeiden kennen, d. h. vor allem aus den Polit-Magazinen von

ARD und ZDF, sind geradezu verknallt in die Idee, in «gewissen Vierteln» würden Fäuste, Messer und das ordinäre Wort regieren. Selbst im Berliner Bezirk Neukölln gibt es aber viele Leute, *richtig viele Leute* sogar, die nicht im düstersten Traum auf die Idee kämen, einander am Frühstückstisch «Schlampe» zu rufen. Das Gequatsche von der «alltäglichen Gewalt» wäre vielleicht leichter zu akzeptieren, wenn es ab und zu, einfach um der lieben Abwechslung willen, von Bemerkungen über die «alltägliche Mutterliebe» oder den «alltäglichen Gemeinsinn» aufgebrochen würde, denn die sind, zumindest in den mir bekannten «Problemvierteln», in etwa ebenso präsent wie die Gewalt.

Bühne

Gegen das Wort «Bühne» habe ich absolut nichts einzuwenden. Ist doch toll, wenn einer jonglieren, tanzen oder jodeln kann und das anderen Leuten zeigen möchte. Drei Adressaten sei etwas geraten. Der Politik: immer schön subventionieren. Dem Publikum: immer schön hingehen und an der Kasse nicht um Ermäßigung feilschen. Dem Künstler: immer schön aus der Fülle schöpfen und nicht schonungslos herumknapsen.

Liefern

Geliefert wird, was jemand bestellt hat. Das ist nicht nach guter Künstler Art. Sie liefern nicht. Sie bieten etwas an oder hauen einem etwas um die Ohren. Geliefert wird dagegen im kommerziellen Pop. Hier noch ein extrem häßlicher Satz aus einer «Qualitätszeitung»: «Der Österreicher liefert perfekten Pop für schwermütige Sommerabende.»

Radikale Bestandsaufnahme

Eine Bestandsaufnahme hat das Ziel, festzustellen, was vorhanden ist und was fehlt. Der Kaufmann zählt seine Mischgemüsebüchsen, ein Emir vielleicht seine Haremsdamen. «Suleika hat sich verdünnisiert», denkt er und macht auf seiner Inventurliste in der Zeile «Suleika» einen Strich und kein Kreuz, und genauso verfährt der Bibliothekar, der die Abgänge bei skandinavischen Krimis festhält. Eine Bestandsaufnahme läßt sich entweder nachlässig oder gewissenhaft durchführen, aber wie sollte man sie auf eine radikale Weise bewerkstelligen? Wütend die Konservenbüchsen in den Hof schmeißen, draufpinkeln und sie dann erst zählen? Das Wort radikal läßt sich heute ohnehin nur noch in historischen Zusammenhängen seriös verwenden, es ist inzwischen bar jeder faßlichen spezifischen Bedeutung. «Radikale Dauertiefpreise» verheißen uns die Discount-Märkte, und was sagt Suleika in ihrem neueröffneten Nagelstudio in Berlin-Neukölln dem Emir, der telefonisch anfragt, wo sie denn bitte schön abbliebe? «Ich wollte halt mal was radikal anderes machen!»

Lebensgefühl einer Generation

Daß Menschen, die auf einer Altersstufe stehen, insbesondere auf einer niedrigen, durch ein gemeinsames Lebensgefühl vereint seien, ist ein an sich liebenswerter, aber von der Werbeindustrie mißbrauchter romantischer Schmäh, der nicht aus der Welt zu schaffen sein wird. Gewiß: Daß Jugend eine Zeit noch nicht beschränkter Möglichkeiten sei, in der alle Türen offenstehen und man in endlosen Sommern der Liebe mit einem weichen Grashalm im Gesicht gestreichelt wird, und zwar von jemandem, ohne den man sich das weitere Leben gar nicht denken kann – das ist eine Vorstellung, die man eigentlich nur ungern einem klaren Blick opfern möchte. Allerdings streicheln die jungen Leute, die von den Theaterregisseuren so schonungslos auf die Bühne gestellt werden, einander nicht allzu häufig die Gesichter mit Halmen. Alle sind zermürbt und ohne Zuversicht! Keine Halme, sondern Helme! Um die alltägliche Gewalt auszuhalten! Ja, die Jugend: Mal ist sie süß, mal ist sie sauer. Erst rot vor Zorn, dann wieder bleich und glücklich. Meistens aber «so mittel». Diese Launenhaftigkeit taugt freilich überhaupt nicht zur Charakterisierung der Jugend, denn in allen anderen Lebensaltern, außer vielleicht, wenn's allmählich dem Ende zugeht, verhalten sich Menschen genauso.

Darüber zu urteilen, ob das Wort «Lebensgefühl» außerhalb von Pop, Werbung und Alltagsgebrabbel überhaupt sinnvoll zu verwenden ist, fehlen mir letztlich Fachkenntnisse in Gefühligkeit. Horcht ein Mensch in sich hinein, um festzustellen, ob er in der Welt ist, wird er vielleicht eine Art Summton verspüren, den Ursummton seiner Existenz. Läßt man Tagesaktualitäten wie Zahnschmerz oder schlechte Laune außer acht, bleibt dieser Ton das ganze Leben gleich. Hannah Arendt schrieb: «Das Ich altert nicht.» Dies ist der einzige Satz von Hannah Arendt, den ich kenne und zitieren kann, doch reicht er mir aus, seine Autorin zu schätzen.

Das Ich altert nicht! Große Erkenntnis! Zu welcher man hinzufügen könnte: Und es – das Ich – gewöhnt sich in ermutigend friedvoller Weise an seinen Körper. Was hingegen sagen die Floskelanten? Sie sagen: «Man ist so alt, wie man sich fühlt.» Was für ein matter, fauler Unsinn! Wenn ein Mensch herausfinden möchte, ob er den Jungen oder Alten zuzurechnen sei, werfe er zunächst einen Blick in seinen Personalausweis, um anschließend die aktuelle statistische Lebenserwartung in seinem Lande nachzuschlagen. Diese teile er durch zwei. Ein Mann ist demnach bis zu einem Alter von 37,8 Jahren jung. Danach alt. Eine Frau ist erst ab 40,6 Jahren alt. Wieviel Geziere, Quengelei und Reiterei auf Redensarten könnte sich die Menschheit sparen, wenn sie die Majestät von nackten Zahlen anerkennte! Ein Fünfzehnjähriger, der, von Rückenschmerzen und Migräne geplagt, in einem grauenvollen Hochhaus wohnt und Angst vor den Nachbarkindern hat, was ist der? *Jung* natürlich! Wie mies er sich auch immer fühlen mag. Ein Fünfzigjähriger hingegen, der rosig und trainiert die Blankeneser Frischluft inhaliert und sich überlegt, welche seiner vielen gutsituierten besten Freunde er nach dem Morgenlauf zum spontanen Champagnerfrühstück bittet, der ist, man schreibe sich das bitte auf einen prominent zu plazierenden Merkzettel, *alt*.

So machen es die klugen Sprachen

Als sich im vorigen Jahr die Goethe-Institute im Verbund mit einem ultraominösen «Deutschen Sprachrat» daranmachten, unter großer Öffentlichkeitsbeteiligung das schönste Wort der deutschen Sprache zu finden, fiel das Ergebnis durchaus nicht beschämend aus. Man war gut beraten, die Schlußauswahl einer Jury anzuvertrauen, ließ sich doch absehen, daß im Falle einer Mehrheitsentscheidung ein Wort das Rennen machen würde, welches lediglich einen guten Gegenstand bezeichnet, wie z. B. «Liebe» oder «Heimat»; rein klanglich betrachtet ist das Wort «Liebe» aber nicht schöner als das Wort «Säge». Noch mehr allerdings als der musikalische Wert trägt zur Schönheit eines Wortes dessen Assoziationsfülle bei: Es sollte einem eine Geschichte erzählen, und zwar am besten eine, die nicht jeden Tag zu hören ist.

Es gibt ein neues, ganz besonders schönes Wort. Es lebt in jeder Stadt, wenngleich noch nicht in jedem Dorf. Jede Frau und jeder Mann kennen es, sieht man von denen ab, die angenagt vom Alter sind, und jenen, die sich der Teilnahme am technischen Hier und Jetzt als Höhlenmönch oder Waldfee verweigern. Das Wort dürfte kaum älter als drei oder vier Jahre sein, und es werden vielleicht keine zehn Jahre verstreichen, bis es wieder weg ist. Es vibriert vor Zeitkolorit, und zwar, was bei Zeitkolorit ungewöhnlich ist, ganz und gar heutigem. Ich spreche vom Wort «Rohlingsspindel».

Hätte ein heutiger Regisseur den Wunsch, einem Film einen sprachlichen Epochenstempel aufzudrücken, um ihn für alle Zeiten als eine Hervorbringung der ersten zehn Jahre unseres Jahrhunderts zu kennzeichnen, müßte er nur seinen Hauptdarsteller aus dem Haus gehen lassen, worauf seine Frau das Fenster öffnet und ihm nachruft: «Liebling, bringst du bitte eine 25er-Spindel DVD-Rohlinge mit?»

Im weiteren Verlauf der Handlung mag vielleicht die Badewanne überlaufen, und womit könnte die moderne Familie das Wasser schöpfen? Mit einer Rohlingsspindelabdeckung! Zumindest in der echten Welt kam das bereits vor.

Was genau ist nun aber so furchtbar schön am Wort Rohlingsspindel? Vielerlei! Ein Strahlen geht allein schon wegen seiner Deplaziertheit von ihm aus; es haust in einer häßlichen Umgebung, nämlich in derjenigen der schroff beleuchteten Medien-Märkte, ihrer kantigen Produkte und grellen Werbeprospekte. Sieht man auf einer kalten nordischen Insel eine einzelne blasse Anemone den Elementen trotzen, wird man lang vor ihr verweilen und gerührt sein, während man die gleiche Blume, wüchse sie in einem gutbestückten Wald in südlicherer Gegend, keines Blickes würdigte. Ebenso würde man in einer alten herzoglichen Bibliothek, etwa in Wolfenbüttel, kaum über das Wort Rohlingsspindel ins Staunen geraten – im sprachlichen Milieu der Unterhaltungselektronik aber, wo sonst nur in augenblauhauender Typographie eisige Abkürzungen und Zahlenkombinationen, japanische Herstellernamen und englische Brocken zusammengeklumpatscht werden, ist es ein reizvoller Fremdling.

Sogar Hoffnung geht aus von der Rohlingsspindel. In den letzten Jahrzehnten hat sich das Deutsche allzu widerstandslos als eine Art Dorftrottel unter den Sprachen präsentiert, der nicht in der Lage ist, für aktuelle Gegenstände aus seinem angestammten Wortschatz neue Begriffe zu bilden, und sich statt dessen auf eine Weise, die ein amerikanischer Kommentator als «vorauseilende Unterwürfigkeit» bezeichnete, mit schlaffer, altersfleckiger Hand aus dem weltweit dampfenden englischen Breitopf bedient. Doch eines Tages, unerwartbar, fing die schlaffe Hand zu pumpen an. Sie füllte sich mit Blut, und aus der pumpenden Faust befreite sich mit einer Kraft und einem Stolz, den man sonst nur dem Isländischen oder Finnischen und anderen törichterweise so genannten «kleinen Sprachen» zutraut – die Rohlingsspindel.

Dies ist um so erstaunlicher, als sich die Neuschöpfung aus zwei Gliedern zusammensetzt, denen man, für sich genommen, allein keine Zukunft zugetraut hätte. Wer spricht schon noch von Spindeln? Gewiß, jaja, man hat es uns erzählt, als wir in unserem kleinen Bette lagen: Aufgrund einer spindelbezogenen Verwünschung wurden einst sämtliche Spindeln eines Königreiches verbrannt, nur, jaja, wir erinnern uns milchig, eine übersah man, weil sie einem verloren harrenden Mütterchen auf einem Dachboden gehörte, und an dieser Spindel ausgerechnet mußte sich Dornröschen stechen, wonach es in hundertjährigen Schlaf fiel, und man müßte wohl hundert mal hundert Menschen auf der Straße ein schaumstoffbuntes Sendermikro unter die Nase halten, bis man einen träfe, dem zum Wort Spindel etwas in den Sinn käme, das über ebenjenes Märchen hinausgeht.

Der Rohling war bis vor wenigen Jahren nicht wesentlich kregeler. In den Fachsprachen der Werkzeugmacher und Edelsteinschleifer mag er überlebt haben, aber jemanden, der Menschen in die Hecke schubst oder ihnen anderweitig tätlich und verbal grob kommt, wird keiner mehr einen Rohling nennen. Der Rohling im Sinne von Hooligan verdingt sich lediglich noch zur Kaffeezeit in Klamottenabspielsendern. Die Dialoge aus der Posse «Charleys Tante» sind mir nicht in allen Einzelheiten geläufig, und ich würde auch keinen Rohling dafür opfern, diese Art von Wissen downloadmäßig aufzufrischen, doch bin ich mir fast sicher, daß in der Fünfziger-Jahre-Verfilmung des Stoffes der von Maske und Garderobe absichtlich unvollkommen in eine alte Jungfer übersetzte Heinz Rühmann an irgendeiner Stelle mit hochgeschraubter Stimme rief: «Sie Rohling, Sie!»

Doch als man derlei wirklich nicht mehr erwarten konnte, zu Beginn des 21. Jahrhunderts, trafen sich die beiden Staubgestalten Charleys Tante und Dornröschen im Media-Markt und haben durch bloßen Handschlag einen nagelneuen Namen für eine Datenträgerverklammerung gezeugt. So machen es die klugen Sprachen: Wenn einem ihrer Wörter die Bedeutung verblaßt und schließlich abhanden kommt, dann schmeißen sie es nicht weg, auf daß es in den Lexika mit einem begleitenden Grabeskreuz erscheine, sondern schauen sich um in der stets neuen Welt, um ihrem kranken Sprößling lichterlohen frischen Inhalt zu verordnen, damit er springe und strahle und guter Dinge sei. Die klugen Sprachen wissen: Zwei ehedem Schwache, zum Paar vereint, springen und strahlen am besten.

Vollendet schließlich wird die Schönheit des Wortes «Rohlingsspindel» durch die Endlichkeit des Gegenstandes. Zwar kann man nicht garantieren, aber «einfach mal ganz locker drauflosvermuten», daß es in zwanzig Jahren andere Datenträger und Verpackungen gibt. Schlimm ist das nicht. Es ist doch seine Kürze, die den Augenblick zum Genuß werden läßt. Man erinnere sich des ersten Mals, als man in der Jugend «richtig» küßte: Das schönste an einem Kuß ist ja wohl, daß er nicht siebzig Jahre dauert. Es stelle sich jeder mal vor, er würde noch heute im Rachen dessen wühlen, den er als erstes küßte!

Und warum wohl ist ein echter Blumenstrauß schöner als ein künstlicher? Weil er den Menschen dazu auffordert, bestenfalls sogar zwingt, sein Glück im Augenblick zu finden und nicht im Trullala und Larifari morgiger und übermorgiger Chancen und Eventualitäten. Nur was morgen stirbt, ist heute schön! Ewigkeit ist ekelhaft!

Wer glaubt, seinen Tag ohne diesen Schuß von Todesromantik fristen zu können, dem sei noch etwas anderes gesagt: Die Rohlingsspindelabdeckungen lassen sich nicht nur zum Wasserschöpfen verwenden. Man könnte auch einen britischen Schock-Modeschöpfer beauftragen, aus zweien von ihnen einen Brutal-BH anzufertigen. Diesen unter einem entsetzlich engen türkisem Angorapullover tragen und so durch die Metropole stolzieren – was man da wohl für ungute Leute kennenlernen würde!

Gedanken bei der Cranio

«Was verändert sich schon? Wenn ich aus meinem Fenster schaue, sieht alles genauso aus wie vor dreißig Jahren. Nur die Autos sind anders», sagte mir einmal ein Anhänger einer unaufgeregten Lebensweise. Doch war nicht richtig, was er sagte: Schaut man nämlich der Abwechslung halber in den Spiegel, ist festzustellen, daß sich keineswegs bloß die Autos verändern, und so kann es nicht falsch sein, den Zahn der Zeit von Zeit zu Zeit zu lähmen, sein Mahlwerk trickreich anzuhalten, indem man sich z. B. in ein Fastensanatorium begibt und sich von der «Abteilung Therapieplanung» einen abwechslungsreichen Terminkalender aufbrummen läßt.

Eines Tages stand eine siebzigminütige Cranio-Sakral-Session auf meinem Programm. Zwar hatte mir ein Mitfastender zuvor weiszumachen versucht, es würde sich bei dieser Anwendung um so eine Art «modischen Minimalkram» handeln, bei welchem der Therapeut lediglich seine Zeigefinger in teils streichelnder, teils pressender, hin und wieder auch stechender Weise verwende, man würde eigentlich die ganze Zeit nur daliegen und sich darüber ärgern, daß man nicht auf die Armbanduhr schauen könne, weil man diese, zur Vermeidung irgendwelcher «albernen Energieblockaden», zuvor auf einem Stuhl ablegen müsse, und deshalb würde er «dieses Cranio» ganz bestimmt nicht noch einmal über sich ergehen lassen! Aber der solcherlei sprechende Herr war ein rechter Vaterfigurdarsteller, sein Lieblingswort: Verantwortung, ein Baulöwe, der seinen Bademantel wie einen Hermelin trug und in diesem Aufzug auf dem Weg zur Sauna jedermann gütevoll zugrüßte, ganz so, als ob er der Besitzer des Anwesens wäre – noch beim Brühelöffeln nahm er wie selbstverständlich einen ganz und gar unnötigen Vorsitz ein und hielt dröhnende Vorträge, z. B. über das seiner Meinung nach total «ver-ostete» Berlin, wo der Kultursenator dem Hotel Adlon verboten habe, einen Empfangsbaldachin zu errichten, weil «der kommunistische Senator und sein schwuler Bürgermeister» der Ansicht gewesen seien, die Reichen sollten gefälligst auch mal naß werden.

Von einem solchen Prahlbonzen also wollte ich mir keinesfalls meine Aufgeschlossenheit für mir bis dato unbekannte sanatorische Behandlungen vergällen lassen und nahm auf dem Vorzimmergestühl Platz, wo ein Zettel auslag, dem ich, aufgrund der kurzen Wartezeit lediglich überfliegenderweise, entnahm, daß es bei «Cranio» um bestimmte 1899 entdeckte Säfte des Schädels gehe, die in Zusammenhang mit einem 1902 aus dem Dunkel menschlichen Unwissens befreiten «Lebensatem» stehen, der um ein ordnendes Prinzip von Mitte und Stille herumkreise, welches allerdings bei fast allen Menschen reichlich aus dem Lot sei, was «vom Therapeuten/-in» sanft korrigiert werde. Bitte keine Jeans tragen!

Ein Punkt, der bei körperverbessernden Wohltaten, wie etwa einer Massage, einer gewissen Planung und Bewußtheit unterliegen sollte, ist die Gesprächsdosierung. Die Behandlung darf auf keinen Fall auf eine heitere Plauderstunde hinauslaufen, aber man kann sich auch nicht einfach auf die Liege werfen und sich so konsumentenhaft wie ein «Neuer Russe» bepranken lassen. Ein paar auflockernde Worte am Anfang müssen schon sein. Da allerdings eine unserer besten Konversationsregeln, nämlich diejenige, daß man den anderen nicht nach seinem Beruf fragt, jedenfalls nicht gleich zu Beginn eines Gesprächs, bedauerlicherweise in umfassende Vergessenheit geraten ist, sollte es unbedingt der Patient sein, der diese Angelegenheit in die Hand nimmt, denn es müßte einer schon extrem dumm oder dünkelhaft sein, um einen Masseur zu fragen, was er denn eigentlich beruflich mache. Bei der Heublumenmassage am vorangegangenen Tag hatte ich das Problem gelöst, indem ich den wohltuenden Mann fragte, ob er meinen Eindruck teile, daß der Briefkasten vor dem Sanatoriumseingang verschwunden sei. Ja, sagte er, der sei weg, und zwar schon länger. Sehr ertragreich ist ein solches Thema glücklicherweise nicht; es kam noch zu zwei, drei Einwürfen wie «Dann muß man ja jetzt einen halben Kilometer bis zum nächsten Briefkasten an der Bushaltestelle gehen!», und: «Postämter gibt es ja mittlerweile fast nur noch an Hauptbahnhöfen von Millionenstädten!», aber damit war die Sache dann auch «durch», der Gesprächsnotwendigkeit war Genüge getan, und es konnte ohne weiteres zu einem gedeihlichen Schnaufen übergegangen werden.

Die für das Cranio-Sakrale zuständige Dame ließ mir jedoch keine Möglichkeit, die Gesprächsmenge durch die listige Wahl eines unergiebigen Gegenstands zu reduzieren. Ich solle die Augen schließen, sagte sie eingangs, um sogleich hinzuzufügen, ich könne sie ebensogut offenlassen. Wenn ich sie aber schlösse und Farben und Formen sähe, möge ich ihr das mitteilen; sie für ihren Teil würde währenddessen unten bei den Füßen anfangen und sich langsam emporarbeiten. Ich betrachtete die Zimmerdecke und dachte: Wenn ich ihr nun sagte: «Ich sehe Weiß», und: «Ah, ich sehe ein Rechteck! Ich sehe ein weißes Rechteck!», ihr aber verschwiege, daß ich die Augen nicht geschlossen hätte – ob sie dann etwas heilungsdienlich Deutendes vorbrächte? Ich sagte natürlich nichts, denn ich hatte weder etwas gegen die Frau persönlich noch gegen ihren Beruf und somit keinen Anlaß, sie reinzulegen. Im übrigen sehe ich, wenn ich die Augen schließe, insbesondere mit etwas Druck, immer Farben und Formen, und zwar solche, die der spätabstrakten Malrichtung des «Informel» entsprechen, von der man eine hervorragende Sammlung im Gustav-Lübcke-Museum zu Hamm in Westfalen besichtigen kann. Was zu verschweigen ich auf der Therapiebahre ebenfalls für richtig hielt, denn mir stand nicht der Sinn nach einer Stunde leichten Austauschs. Anders die Therapeutin: Ob ich mich als Kind auf dem Schulhof geprügelt hätte?

Nein, sagte ich, das sei bei uns nicht üblich gewesen. Zu meiner Zeit hätten die Schüler während der Pausen nur grundlos abgenervt in den Ecken gestanden und sich die Haare aus dem Gesicht gepustet.

Aber spätere Verletzungen hätte es doch sicherlich gegeben? Züchtigungen? Unfälle? Irgendwas! Ich solle mich ganz scharf erinnern und ihr alles sagen! Jedes noch so kleine Detail sei wichtig – selbst wenn jemand sich nicht traumatisiert fühle, sein Körper vergesse nichts! Alles werde irgendwo gespeichert, beim einen im Kopf, beim anderen im Knie oder in den Nieren. In den Energiesäften halt.

Ja doch, stimmt, erwiderte ich, zweimal sei ich auf der Straße zusammengeschlagen worden, einmal nur ein bißchen und einmal etwas ärger, aber beide Geschehnisse lägen über zwanzig Jahre zurück. Sie hätten mich nicht nachhaltig belastet! Ich hätte keine Angst auf nächtlichen Straßen und nie von den Überfällen geträumt.

Die Therapeutin, die zehn Minuten lang den auf dem Info-Zettel angekündigten «sanften Druck» auf meine Füße ausgeübt hatte, war nun bei meinen Fesseln angelangt, die sie ebenfalls etwa zehn Minuten lang, sonst regungslos verharrend, umfaßte, wobei sie meinte, mich darüber aufklären zu müssen, daß die Wörter Traum und Trauma nichts miteinander zu tun hätten, was ich beleidigend fand, hatte ich die Abwesenheit von Prügelszenen in meinen Träumen doch nur erwähnt, um zu verdeutlichen, daß mich die mir zugefügte Gewalt nicht langewaltend seelisch beschädigt hat.

Es folgte nun eine Weile mir zu einseitig interviewartigen Gesprächs über physische Beschädigungen, so daß ich bald das Bedürfnis hatte zu fragen: «Hätten Sie vielleicht etwas Musik?» Die Heilende erwiderte, bei Cranio gebe es niemals Musik. Auf meinen Hinweis, bei der Ayurveda-Ölmassage bekomme man aber durchaus Musik, wurde mir mit einem mir aufgrund meiner liegenden Lage unsichtbaren, aber atmosphärisch spürbaren Augenrollen mitgeteilt, Ayurveda sei ja schließlich – bei allem Respekt für die damit befaßten Kollegen – «nur Wellness». Da dachte ich und sagte nicht: «Ja, und das hier ist *noch nicht mal* Wellness! Das ist nur Ausfragen und Begrabbeln!» Die Therapeutin meinte daraufhin, ja, Männer würden «manchmal nicht so gern reden», das kenne sie, freilich ginge es auch ohne. Ohne sei es auch wirksam. Zwar hätte ich jetzt erneut beleidigt sein können, weil ich mein Bedürfnis nach zelebratorischer Schweigsamkeit unberechtigterweise auf das billige Geschenkbüchlein-Thema «Männer und Frauen» hätte reduziert sehen können, doch bevorzugte ich es, mich während der folgenden halben Stunde Drückens und Pressens meinen Erinnerungen hinzugeben.

Wie war das noch mit dem Zusammengeschlagenwerden? Ich hatte mich in der Zeit um 1979 herum einer gewissen Selbstgestaltungsleidenschaft hingegeben, die sich, bedingt durch finanzielle Enge, in nicht viel anderem äußern konnte als durch das Schwarzlackieren meiner Fingernägel und der Benutzung eines Kajal-Stiftes. Ich finde es auch heute noch attraktiv und sinnvoll, wenn sich sehr junge und sehr dünne Männer so zurechtmachen. Soweit ich mich erinnern kann, empfand ich mich damals weder als Punk noch als Tunte, sondern als industrial-polymorph-darkwave-neobohemien-transurban-synthetisch, wenn ich es einmal so bindestrichgewaltig ausdrücken darf. Es war keine Lebensphase, bei der ich allzulang verweilte – allerdings war mein Abrücken von diesem Look einzig und allein meiner Einsicht zu danken, daß dem adoleszenten Wunsch nach «Otherness» nicht durch das Lackieren von Körperauswüchsen beizukommen sei. Keine Rolle beim jugendlichen Inszenierungswandel spielte hingegen das durch die Geschminktheit verursachte Verprügeltwerden, das sich zweimal zutrug, einmal am Rande des «Deutsch-amerikanischen Volksfestes» und das andere Mal auf der nachts um vier in West-Berliner Zeiten noch volksbelebten Tauentzienstraße. In beiden Fällen waren die Aggressoren GIs, also amerikanische Soldaten, und in beiden Fällen war ich wohl eingeschnappt und wütend, aber nicht traumatisiert. Was mich allenfalls hätte traumatisieren können, waren beim zweiten – ärgeren, weil blutigeren Fall – die Schwierigkeiten heimzukommen. Taxi um Taxi hielt an, doch wenn die Fahrer mein rotverschmiertes Gesicht sahen, sagten sie «Nee, den nicht» und brausten davon. Schließlich nahm mich eine ältere Frau mit, die sich allerdings unentwegt umdrehte oder im Rückspiegel darauf achtete, daß ihre Polster nicht verunreinigt wurden.

Inzwischen schweigend, war die cranio-sakrale Spezialistin recht unvermittelt vom Fußbereich zu meinem Kopf übergegangen. Offenbar gab es ihrer Ansicht nach beim Manne zwischen Bein und Schädel keine Säfte, deren Fluß zu regulieren die Mühe lohne. Auch gut, sagte ich mir – dann hat sich dort eben kein übles Körpererinnern eingefleischt. Und richtig, da war tatsächlich nichts: Das Verprügeltwerden durch Angehörige der US-Streitkräfte hatte noch nicht einmal mein damals sehr positives «Amerikabild» beschädigt, allenfalls war mir dadurch eine gewisse Zögerlichkeit beigebracht worden, das in dankbarkeitskonservativen Kreisen seinerzeit übliche Wort von der «Schutzmacht» zu verwenden. Was sich mir vielmehr einbrannte, war das freilich berechtigte kontrollierende

Mißtrauen der Taxifahrerin. Noch heute verabscheue ich es, blutend in ein Taxi zu steigen.

Mehr als zehn Jahre lang hatte ich an das Verprügelt-werden nicht mehr gedacht. Das letzte Mal war dies zu Beginn der neunziger Jahre geschehen, als ich ein Buch las, das zu dieser Zeit in aller Munde war – «Der Krieg der Geschlechter» von Camille Paglia. Da es einen meiner Wohnungswechsel nicht lebend überstanden hat, weiß ich nicht mehr, ob es generell feminismuskritisch war oder lediglich trivialfeminismuskritisch, aber soweit ich mich – ziemlich gut – erinnere, war es eines in jener jargonverliebten, leichtfertigen und unpräzisen «Pop=Politik»-Sprache verfassten Bücher, die eine ganze Genereration meinungs-freudiger, aber auf Nachahmung angewiesener Autoren versaut haben. Eine der Kernthesen lautete: Frauen, die vergewaltigt wurden, sollten sich von städtischen, kirch-lichen oder privaten Beratungsinstanzen nicht immer ein-reden lassen, sie seien dazu verdammt, sich durch diesen Vorfall ihr gesamtes verbleibendes Leben lang traumati-siert zu fühlen. Wenn eine Frau vergewaltigt werde, sei das eben so, wie wenn ein Mann zusammengeschlagen werde, und Männer würden schließlich ständig zusam-mengeschlagen und auch nicht ewig darunter leiden!

Obwohl ich während mehrerer Reisen in die USA die Erkenntnis gewonnen hatte, daß auch amerikanische Män-ner nicht «ständig» zusammengeschlagen werden, hat mich die publizitätsgierige These doch etwa fünf Minu-ten lang beeindruckt. Jaja, dachte ich vermutlich, besser wäre es wohl, man stünde nach jedem Leid, das einem zu-gefügt wird, wie derbe es auch immer sei, auf und riefe sich nach einer angemessenen Phase heilenden Selbstmitleides zu: Was mich zerstört, entscheide ich schon selber! Protze und Strotze auf regennasser Straße sind jedenfalls nicht befugt und fähig, mich kaputtzumachen!

Bis zu meiner Verabredung mit der Cranio-Sakral-Ausübenden ist mir der Name «Camille Paglia» nie wieder in den Sinn gekommen. Ich wüßte ja auch gar nicht, wie man als Deutscher einen amerikanischen Namen, der aus einem französischen Vornamen und einem italienischen Nachnamen besteht, aussprechen soll.

Ich bedankte mich bei der Therapeutin, indem ich sagte, ich würde zwar nicht direkt etwas merken, aber angenehm sei es durchaus bei ihr gewesen. Energiesäfte hat sie bei mir zwar nicht in Fluktuation gebracht, aber doch immerhin die Erinnerung an ein paar vollkommen unwichtige brutale kleine Würstchen und ein weggeworfenes altes Buch. Das ist schließlich auch nicht wenig!

Auf dem Weg in mein Zimmer sah ich im Lesebereich den Bonzen sitzen, der mir von der Therapie abgeraten hatte. Er las die Tageszeitung «Die Welt», blickte aber von ihr auf, um mir arbeitgeberhaft zuzulächeln. Ich lächelte zurück, allerdings auf eine Weise, deren komplexe Natur er unmöglich zu deuten in der Lage war.

Die Prophezeiung

Menschen, die sich gern in gehobenem Vermutungsunsinn ergehen, sind vor einigen Jahren, als das kalendarisch nahelag, mit allerlei griffigen Prophezeiungen in die Welt gedrungen. Das 21. Jahrhundert, sagten sie, werde das Jahrhundert der Religion oder aber, das wurde ebenfalls gesagt, dasjenige der Frau, der Ernährung oder des Wassers sein. Hie und da sah man sich auch am Beginn eines zweiten bürgerlichen Jahrhunderts stehen – nachdem das 20. wohl so eine Art Jahrhundert der Angestellten und des Zerfalls gewesen war, werde jetzt wieder eines kommen, in dem es so qualitätsvoll und familiensinnig wie im 19. zugehen möge. Zwar ist es verständlich, daß manche Leute, angewidert von dem Menschenbild, das durch die kommerziellen Fernsehsender vermittelt wird, dem etwas entgegenzusetzen wünschen, und wenn dies in der Form geschieht, daß man Dichter in mit ertrödelten «Familienstücken» möblierte und in literarische Salons umgetaufte Altbauwohnzimmer einlädt, ist daran, sofern man nicht selber der geladene Dichter ist, wenig auszusetzen. Ob aber aus dieser Nostalgie, die erst so richtig vollständig wird durch angemietete Studentinnen, die das aus Kostümfilmen so beliebte Hauspersonal verkörpern, indem sie Tabletts mit Riesling und Kanapees durchs plaudernde Gedränge tragen – ob also aus dieser Nostalgie etwas wahrlich Jahrhundertprägendes erwächst, läßt sich nicht sagen. Gucken wir halt mal, was die Zukunft uns so alles aufzutischen die Laune haben wird. Gesichert ist nur, daß es immer wärmer wird. Wir werden eines Tages völlig andere Tiere sehen, wenn wir aus dem Fenster schauen. Eventuell Pelikane. Wer sich sich die Papageienschwärme ansieht, die vor Jahren schon in diversen Grünanlagen der bereits recht warmen Städte Köln und Düsseldorf heimisch geworden sind, wird diese Möglichkeit nicht ohne weiteres von der Hand weisen wollen.

Was tun mit den Pelikanen? Sich über sie ärgern? Sie einfach alle erschießen wie gemeine Schulschwänzer? Nein, nicht gut! Man sollte lieber ihre speziellen Vorzüge und Begabungen kennenlernen und nutzen. Verzehren wird man sie nicht, denn der Mensch ißt nicht gern Vögel, die sich ihrerseits mit Fisch sättigen, siehe Möwen.

Man könnte sie zum Pilzesammeln abrichten. Das scheint eine gute Geschäftsidee zu sein. In die Medien kommt man sicherlich damit. Nachteil: Die Medienberichte werden einen spöttischen Unterton haben. Doch Kleinbürgerspott ist die Begleitmusik von jedem großen Einfall. Wir werden sie überlegen lächelnd hinnehmen und uns in unserer Initiative nicht beirren lassen.

In meinen Überlegungen, Pelikane für die erwähnte Aufgabe abzurichten, spielt eine soziale Komponente mit. Das gewerbliche Pilzesammeln hat einen ziemlich geringen gesellschaftlichen Stellenwert. Bürger der beiden großen europäischen Pilzexportnationen, Polen und Litauen, berichten, daß bei ihnen diejenigen, die an der Landstraße selbstgesammelte Pilze feilbieten, noch unterhalb der Dorfsäufer stehen, und als neulich Fragen nach der ökonomischen Solidität des Kosovo aufkamen, wurde seitens

Experten mit kaum gezügelter Häme erwidert, seine Exportgüter seien «Pilze, Altmetall und Holz». Pilzen haftet also auch der Ruch einer ungedeihlichen Wirtschaftsprognose an. Diese Geringschätzung ließe sich abstellen, wenn man das Pilzesuchen in eine anmutige Scheinfolklore verwandelte. Der Sammler, hübsch eingewanstet in eine leicht verdisneyte mittelalterliche Junkerkluft, strebt hurtig dem Walde zu, vielleicht auf einem Rattenfängerpfeifchen blasend; es folgt ihm eine Hundertschaft von Pelikanen, und zwar ganz ohne weiteres und mit viel Freude. Eine Eigenschaft nämlich hat der Pelikan mit unserer heimischen Großtrappe gemein: Er läuft gern Menschen hinterher. Er ist ein ausgesprochen wenig scheuer und gänzlich unnervöser Vogel. Schon oft habe ich in zoologischen Gärten beobachten können, wie ein Pelikan seinem Pfleger nachlief und ihm am Hosenbein zuppelte. Das Hosenbeingeschnäbel wird man ihnen gewiß abgewöhnen können, ebenso wie man ihnen angewöhnen wird, mit ihren Schnäbeln die Pilze sanft aus dem Erdreich zu drehen und in ihre Kehlsäcke zu stecken. In einen Pelikansack passen zehn Liter Wasser; Pilze indes dürfen nur sehr locker geschichtet werden. Ich gehe aber davon aus, daß man mit zwei Kilo Steinpilzen oder drei Kilo Pfifferlingen pro Vogel rechnen kann. Natürlich muß derjenige, der als erster die Pelikane abrichtet, der Pionier, einige Versuche anstellen, bevor er die Pilze in den kommerziellen Vertrieb gibt.

Er wird daher befreundete Köche und Gastronomie-Journalisten zu einer Verkostung in seine Küche einladen. Der Inhalt einer Bratpfanne wird auf Probierteller verteilt, und die Kenner stehen, professionell spitzmaulig kauend,

also mit ganz kleinen, langsamen, im vorderen Mundbe-
reich sich abspielenden Bewegungen, um den Küchentisch herum.

Der erste Kommentar lautet: «Oh, Shit! Schnabelsack-
aroma!»

Die anderen sagen: «Tja, leider! Aus der Traum, Exi-
stenzgründung geplatzt.»

Nur der berühmteste Gast, ein Spitzenkoch aus Badenweiler, kaut weiter und sagt schließlich: «Schnabelsack-
aroma allerdings, liebe Kollegen, allerdings! Doch der
Traum hat gerade erst begonnen», wobei sein Lächeln
sich verbreitert und die Augen leuchten wie die Opale im
Gesicht des Riesenbuddhas von Rangun.

Ihm ist nämlich eine Meldung in den Sinn zurückgekehrt, die er vor einiger Zeit in der Zeitung gelesen hat.
In Kanada, genauer gesagt in Vancouver, startete ein
Trend, der inzwischen die Reichenviertel aller nordame-
rikanischen Städte erfaßt hat. Es geht um Kaffee, um einen zunächst ganz normalen Kaffee, der auf mehreren
der Hauptinseln Indonesiens wächst, auf denen auch ein
Mungo lebt, eine Schleichkatze mit dem wie in trunkenem
Zustand ausgedacht klingenden zoologischen Namen Pa-
radoxurus hermaphroditus, die die zuckerhaltigen Kaffee-
beeren gern frißt, ohne sie jedoch verdauen zu können.
Die Beeren werden äußerlich unverändert, aber durch
den Kot des Mungos, man ist geneigt zu formulieren:
paradoxerweise, angenehm aromatisiert, ausgeschieden,
eingesammelt, geröstet und nach Vancouver geflogen, wo
sie unter der Bezeichnung «Kopi Luwak» für 420 Euro
das Pfund verkauft werden.

«Ein ähnlicher Erfolg wird auch mit den Schnabelsackpilzen zu erzielen sein», ruft der Koch aus Badenweiler und schließt mit dem Pelikantrainer einen für beide Seiten extrem lukrativen Vertrag. Bald wird niemand mehr etwas gelten in der Gesellschaft, der nicht wenigstens einmal im Jahr durch Pelikanspeichel fermentierte Pilze ißt. Blattsalatvariation mit warmen Steinpilzen? 600 Euro! Morchelrisotto? 1500 Euro! Der Badenweiler Koch eröffnet in allen feinen Stadtvierteln der Welt Franchise-Lokale, vor deren jedem einzelnen Abend für Abend Hunderte enthemmt greinender junger Mädchen stehen. In ihren Augen ist jeder Mensch, der sich so teure Pilzgerichte leisten kann, ein verehrungswürdiger Held. Warum auch nicht? Die Popstars werden von Jahr zu Jahr profaner, und an das Bekreischen von Religionsführern wird man sich späterhin als an einen lediglich episodischen Gag der ersten paar Jahre des Jahrhunderts erinnern.

Das Essen von Wildpilzen war bislang mehr von archaisch-romantischem Reiz als von wirklich kulinarischem. Selbst jemand, der sich seit Jahrzehnten voll Begeisterung dem Verzehr von selbstgesammelten Pilzen widmet, wird, wenn die Kameras aus und die Funktionäre von der Pilzlobby mal eben austreten sind, einräumen, daß Pilze nüchtern besehen nicht kategorisch zu den größten Köstlichkeiten zählen. Manch einer, der abends müde nach Hause kam und sich schnell noch irgend etwas Warmes zubereiten wollte, war schon bitter enttäuscht, wenn der Vorratsschrank nichts als eine Dose Mischpilze hergab, Abtropfgewicht 850 g. Der eigentliche Vorzug der Pilze liegt in ihrer vorgeschichtlichen Anmutung. Das meiste, was wir essen, ist relativ neu, Kartoffeln und Tomaten kennen wir noch nicht lange, und selbst unsere Haushühner stammen eigentlich aus China. Doch schon die Urahnen derer, die in Frankreich erstmals Höhlen mit ungeschickten Malereien ausgestattet haben, werden Pilze gegessen haben.

Daß es nun ausgerechnet Pelikane sein sollen, die sich anschicken, eines der letzten unveränderten vorgeschichtlichen Nahrungsmittel Europas zur allerhöchsten Delikatesse zu veredeln, mag man für unwahrscheinlich halten. Es für ganz unmöglich zu erklären wäre hingegen nicht klug, denn bislang hat sich die Welt, woran mit meinem Traktat ganz beiläufig erinnert werden sollte, immer auf andere Weise verändert, als die Propheten vermutet hatten, und etwas Besseres als Vermutungen haben selbst die gewieftesten Empiriker, die weisesten Staatsmänner, die warzigsten Wahrsagerinnen und die phantasievollsten Dichter noch nie auf Lager gehabt.

Prekariat und Prokrastination

Im Verlauf des Jahres 2006 erlebten die Leser der bil-
dungsbürgerlichen Presseerzeugnisse eine kleine, aber
auffällige Änderung: Bis zum Sommer etwa wurde das
neuerblühte Wort «Unterschicht» allenfalls widerwillig
zitierenderweise gebraucht und mit entsprechend spit-
zen Fingern angefaßt, die sich in Form von Gänsefüßen
im Schriftbild niederschlugen – mittlerweile aber werden
die Anführungszeichen weggelassen. Nackt und häßlich
steht das derbe deutliche Wort nun in den edlen Spalten
und ruft Unbehagen hervor – zu Recht: Die Vorstellung,
daß verschiedene Gesellschaftsgruppen gewissermaßen
horizontal, wie Erdschichten, aufeinanderliegen, wobei
die unteren von den oberen plattgedrückt und am Atmen
gehindert werden, ist so geologisch wie abwegig. Aber
auch die alternativ zum Schichtenmodell angebotene
Rede von «Milieus» stößt auf Widerwillen, denn außerhalb der mengenlehreartigen Blasendiagramme von Wer-
besoziologen stellt man sich unter einem Milieu nach wie
vor Menschen vor, die sich ohne Reiseabsicht in der Nähe
von Bahnhöfen aufhalten oder in dunklen Kaschemmen,
umwölkt von Qualm und Schnapsdunst, freudlose se-
xuelle Projekte organisieren. So gilt es an dieser Stelle zu
vermelden, daß die Welt endlich einen Begriff für die so
ungern so genannten «neuen» Unterschichten gefunden
hat, einen Begriff, der sich sachlich, wissenschaftlich und
taktvoll zugleich aufführt und der sich ganz gewiß durch-

setzen wird: das Prekariat. Praktisch ist wohl auch, daß diejenigen, um die es geht, die vermeintlich Chancenlosen, eigentlich eher Lethargischen und Resignierten, die nicht mehr kochen und haushalten können und daher früh dick und krank werden, gar nicht merken werden, wenn von ihnen die Rede ist, denn ihr Interesse an neuen soziologischen Fachtermini ist traditionell gering.

Ein anderes Wort, das gerade erst dabei ist, in die deutsche Sprache einzudringen und seinen bislang noch geringen Bekanntheitsgrad binnen weniger Jahre erheblich steigern wird, ist die Prokrastination.

Der Begriff bezeichnet ein nicht zeitmangelbedingtes, aber um so qualvolleres Aufschieben dringlicher Arbeiten in Verbindung mit manischer Selbstablenkung, und zwar unter Inkaufnahme absehbarer und gewichtiger Nachteile. Insofern ist nicht jedes Aufschieben mit dem schönen neuen Wort zu bezeichnen. Wenn jemand in seiner Küche Dutzende leerer Flaschen stehen hat, die zum Altglascontainer zu bringen er seit Wochen folgenlos plant, ist das noch lange keine Prokrastination, denn schließlich erfährt man keine größeren Nachteile durch den Verbleib der Flaschen in der Wohnung mit Ausnahme einer gewissen Ungemütlichkeit. Hier handelt es sich um einen Fall schlichter und unbesorgt hinzunehmender Faulheit.

Der echte Prokrastinierer indes ist weder faul noch undiszipliniert. Unter sozialer Kontrolle ist er schnell, geschmeidig und effizient, seine Pünktlichkeit und Zuverlässigkeit werden gerühmt, seine Brust ist hart geschwollen vor lauter Stolz auf seine Multitasking-Fähigkeit, Kern-

und Schlüsselkompetenz. Doch wehe, er wird allein gelassen und muß zu Hause arbeiten! Werfen wir mal einen Blick auf den typischen Tag eines Prokrastinierers.

Es handelt sich um einen Tag, an dem eine Schreibarbeit zu erledigen ist, sei sie nun technischer, wissenschaftlicher, journalistischer oder literarischer Art. Um acht klingelt der Wecker. Ein Faulpelz würde im Bett liegenbleiben, der Prokrastinierer aber hebt sich wohlgelaunt aus den Federn und faßt auf der Stelle folgenden Entschluß: Um neun Uhr fange ich zu schreiben an. Er nimmt sich vor, exakt um 8.30 mit den Morgenprozeduren fertig zu sein, und verwendet dabei einen alten Selbstdisziplinierungstrick. Er legt eine CD ein, die er sehr gut kennt, und sagt sich: Beim Ende von Track 1 bin ich rasiert, nach Track 2 mit Duschen fertig, nach Track 3 mit Zähneputzen, und wenn Track 4 verklungen ist, dann bin ich angezogen. Wie meistens klappt das, um 8.30 stellt er den Computer an, checkt seine E-Mails, beginnt schon an seinen Text zu denken, und so ganz ungefähr schwant ihm auch bereits, wie er ihn anlegen könnte, weshalb er ein leeres Word-Dokument öffnet – und um 8.50 rennt er wie ferngesteuert ins Schlafzimmer, zieht sich seine Trainingshose an und geht zu seinem gesundheitsorientierten Krafttraining. Eigentlich geht er dort höchstens zweimal die Woche hin, das letzte Mal war er vorgestern, er müßte heute also keineswegs schon wieder trainieren, aber er geht hin, um den Beginn des Schreibens zu verzögern. Nach dem Training möchte er einen Kaffee und ein Gebäckteil zu sich nehmen, aber er tut das nicht in dem Coffee-Shop, der schön praktisch auf halbem Wege zwischen dem Sportstudio und seiner Wohnung liegt, sondern macht sich in planvoller Zeitvergeudung auf zu einem 500 Meter weit entfernten anderen Café, wo ausgiebig sämtliche Tageszeitungen studiert werden, denn es könnte ja sein, so sagt er sich, daß er bei der Lektüre auf irgend etwas stößt, was seinen anstehenden Text bereichern wird. Gegen 12 Uhr ist er zu seinem Wohnhaus zurückgekehrt, doch noch vor der Haustür hält er inne, weil ihm etwas einfällt: Ist nicht vor einigen Tagen bei einer der drei Hängeleuchten im Flur die Glühbirne erloschen? Sollte er mithin nicht dringend ein Elektrofachgeschäft aufsuchen? Gottseidank gibt es ein solches nur wenige Straßen weiter. Dort ist allerdings zu erfahren, daß das erforderliche Leuchtmittel momentan nicht am Lager ist. Wäre unser Protagonist kein Prokrastinierer, sollte ihm spätestens an dieser Stelle bewußt werden, daß sein Flur auch von zwei Lampen noch ausreichend erhellt wird, doch er *ist* Prokrastinierer, und so fährt er mit der U-Bahn schnurstracks zu einem großen Warenhaus, und weil er schon einmal dort ist, kauft er gleich noch eine Hose, denn Hosen braucht man immer.

Dann, gegen 14 Uhr, beginnt das große, böse Auf-und-ab-Gehen in der Wohnung, welches sich über Stunden hinziehen kann. Wie Rilkes Panther durchpflügt der Anti-Held seine Räumlichkeiten. Wir möchten nun für einen Moment innehalten und uns fragen, ob das ein stimmiges Bild ist: ein Panther, der, einen Pflug ziehend, Parkettfußböden aufreißt? Ja, doch, das ist leider sogar ein außerordentlich stimmiges Bild, denn genauso fühlt sich der Prokrastinierer: wie ein gelähmtes, sich selbst mißbrauchendes Kraftwesen. Er ist sich seiner Kräfte und

Befähigungen durchaus bewußt; um so mehr schämt er sich, von einem dermaßen unwürdigen Problem wie dem Nichtanfangenkönnen gehemmt zu werden. Seine Scham ist so stark, daß sie gelegentlich den Charakter heftigen physischen Schmerzes annimmt.

«Wie: Du kannst nicht? Man muß sich doch nur zusammenreißen!» würden seine Freunde rufen, erzählte er von seinem Problem, doch er hat darüber noch nie mit jemandem gesprochen. Nur einmal erwähnte er die qualvolle Bummelei seinem Arzt gegenüber, und der meinte, man solle eben nicht allzu hohe Anforderungen an sich stellen. Der gestreßte Aufschieber hält seine selbstgestellten Anforderungen aber für durchaus maßvoll und ihm angemessen. Auf der Straße sieht er ja Heerscharen, die gar keine Anforderungen an sich stellen, und bei allem Bekenntnis zu einer Welt, in der ein jeder leben möge, wie er leben will: Diese Leute ohne Anforderungen wären die letzten, zu denen er gehören möchte. Da er sonst mit niemandem je über die ihn peinigende Behinderung gesprochen hat, ist sich unser Anti-Held übrigens sicher, daß er der einzige Mensch auf der Welt ist, bei dem diese – ja, durchaus: Behinderung – so intensiv ausgeprägt ist. Anderen traut er allenfalls genußvolles Trödeln zu, ein sympathisch verlottertes Abhängen auf dem Sofa mit Handy und Marzipankartoffeln. Er hat ja keine Ahnung, daß es Internet-Foren gibt, in denen sich Leidenskumpel austauschen, darunter auffallend kluge und durchaus erfolgreiche Leute, Foren, in denen diskutiert wird, ob es sich bei der Prokrastination – ein Wort, das der handelnde oder leider eben nicht handelnde Panther dieses Aufsatzes, nebenbei bemerkt, gar nicht kennt – ob es sich dabei also um eine Vorstufe oder Nebenform der Depression handelt oder aber, was man doch lebhaft hoffen möchte, um ein Sonderphänomen, das in keinem Zusammenhang mit Depressionen steht. Manche sehen auch eine Schnittmenge zwischen psychopathischen Verzögerern und Messies, eine Verbindung, die der Mann, von dem hier die ganze Zeit die Rede ist, allerdings streng von sich weisen würde. Bei ihm ist es nämlich immer sauber. Gäste fragen ihn nach der Telefonnummer seiner ja wohl offenbar hervorragenden Putzfrau. «Wenn ihr wüßtet, warum es bei mir so sauber ist!» denkt er dann, ohne auch nur ein Wort zu sagen. Denn was bei ihm für die Reinlichkeit sorgt, ist Prokrastinationsputzen.

Nach zwei, drei Stunden des mit Selbstvorwürfen angefüllten Herumpantherns muß der Mann etwas tun, sonst platzt er. Er fragt sich, ob er nicht mal wieder den Küchenfußboden wischen sollte. Aber der muß nun wirklich nicht gewischt werden. Was folgt, ist ein so nutzloser, selbstdemütigender Quatsch, daß der Verfasser sich fast wünscht, eine Partikularprokrastination möge sich einstellen, um ihn daran zu hindern, das Unabweisliche festzuhalten: Der Mann, dieser arme Mann, der so dringend eine Schreibarbeit erledigen müßte, dazu aber nicht in der Lage ist, weil er Angst hat, er könnte im Verlauf der Arbeit an einen Punkt kommen, an dem er nicht weiterweiß, oder an eine Stelle, an der ihm klar wird, daß er auf dem falschen Weg ist, weswegen er gar nicht erst anfängt, sich auf einen Weg zu machen, dieser arme, arme Mann beginnt nun, sämtliche Gläser, Teller, Pfannen, Töpfe und so weiter aus seinen umfänglichen Küchenschränken herauszuholen, um die Abstellböden in den Schränken mit feuchtwarmen Tüchern abzuwischen. Mit trockenen Tüchern reibt er anschließend jedes einzelne Geschirrteil ab, bevor er alles wieder in die Schränke hineingibt. Drei Stunden dauert das. Danach stellt er den Computer aus und ruft einen Freund an, der ihn gestern gefragt hatte, ob er nicht am nächsten Abend mit ihm etwas essen und trinken gehen möchte, was mit einem Hinweis auf die zu tätigende Schreiberei leider abgelehnt werden mußte. Jetzt sagt der Mann zu seinem Freund: «Du, weißt du was? Ich kann doch!»

Nach ein, zwei weiteren, mit Warten auf Überwindung selbstquälerisch verbrachten Tagen gelingt ihm die Schreibarbeit dann schließlich, wie immer, doch noch, und zwar wieder einmal erstaunlich schnell, wenngleich viel zu spät. Da das Ergebnis nicht übel ist, bemüht er die bei seinesgleichen immens beliebte Lebenslüge, daß sich Genie erst unter Druck entfalte, obwohl er natürlich genau weiß, daß die Arbeit noch erheblich besser gelungen wäre, wenn er auch die Verzögerungszeit darin hätte investieren können. Kurz darauf stößt er zufällig durch einen Zeitungsartikel und nachfolgende Netzrecherche auf die Information, daß sein Problem weit verbreitet ist und einen Namen hat, sogar einen hübschen, und inzwischen vielerorts als Krankheit eingestuft wird, was ihn merkwürdigerweise tröstet. «Eine Krankheit», denkt er, «na, wenn's nur eine Krankheit ist, dann ist's ja nicht so schlimm!»

Und wird nicht auf allen Ebenen unentwegt prokrastiniert? Wurde nicht seit 15 Jahren immer wieder vor dem Absinken und der Verwahrlosung größerer Volksgruppen gewarnt, und erst jetzt, nach ewigen Zeiten des Leugnens und Beschwichtigens, macht man's zum Riesenthema und findet einen elenden Euphemismus dafür: Prekariat? Wie ist umzugehen mit Menschen, die offensichtlich Erziehung benötigen, aber immer nur Unterhaltung bekommen? Jeder, der ernsthaft überlegt, wie man weitere Menschen davor bewahren könnte, diesem Prekariat anheimzufallen, wird früher oder später Gedanken haben, die er lieber nicht haben möchte. Da das Rufen nach «Bildung, Bildung, Bildung!» nichts fruchtet, wenn es um Menschen geht, die nicht in die Lage versetzt wurden, Bildung aufzunehmen, und der Kapitalismus so bald nicht abzuschaffen sein wird, bliebe noch, für eine Senkung der Geburtenrate in Prekariatskreisen zu sorgen. Allein beim bloßen Anflug eines solchen Gedankens stehen einem die Haare zu Berge. Wer will sich mit solchen Ideen auseinandersetzen? Niemand. Also wird weiter prokrastiniert und abgelenkt, zum Beispiel in Form eines schönen Staatsakts zum Thema «60 Jahre Nordrhein-Westfalen», womit ein schönes Pendant zum feuchten Durchwischen der Küchenschränke gefunden ist.

Ein Querulant hört was knarren

Man saß in einem mäßig besetzten Großraumwagen des ICE, niemand sprach, es rannten keine Kinder durch den Gang, alles war in Lektüre vertieft, mit Laptop-Arbeiten oder friedensreichem Sinnen und Starren befaßt – kurz, es war eine Bahnreise, wie man sie sich nicht anders wünscht. Das einzige, was zu hören war, waren jene bald knarrenden, bald rhythmisch quietschenden Kleingeräusche, über deren Herkunft sich der Reisende keine Gedanken macht, und wenn er es doch einmal täte, würde er zu dem Schluß kommen, daß sie wohl durch das Aneinanderreiben irgendwelcher Kunststoffteile hervorgerufen werden. Sie sind typisch für das Großraumreisen und sorgen wie das Plätschern eines nicht sichtbaren, doch nahen Springbrunnens für Geborgenheit und niedrigen Puls. Gut vorstellbar, daß ein international bekannter Sound-Designer sie speziell für die Deutsche Bahn entworfen hat. Ein anderer Mann jedoch, der einige Reihen vor mir in umgekehrter Richtung saß, schaute mich böse an. Als er gewärtigte, daß ich seine übelwollenden Blicke registrierte, steigerte er die Gesten der Abneigung, indem er verständnislos den Kopf schüttelte und bald sogar mit den Händen Scheibenwischerbewegungen vor seinem Gesicht machte. Das verunsicherte mich durchaus; ich prüfte, ob mir vielleicht Galle aus dem Munde herausrönne oder ob ich einen weltanschaulich fragwürdigen Hut trüge, eine Zeitschrift läse, auf deren Titelblatt mir versehentlich entgangene ungutdünkliche Unterleibsaktivitäten im Bild gezeigt werden oder ob ich gar, ohne es bemerkt zu haben, ein übelriechendes Sandwich äße, aber all dies war, wie sonst meist auch, an diesem an sich schönen Tag nicht der Fall. Schließlich kam der Mann zu meinem Platz, deutete auf meinen in der Ablage über mir befindlichen Koffer und sagte:

«Mensch, hören Sie das nicht?»

«Was soll ich hören?»

«Mann, dieses Quietschen und Knacken!»

«Jetzt, wo Sie es erwähnen, höre ich es schon, aber was soll ich dagegen tun?»

«Na, vielleicht nehmen Sie mal Ihren Koffer da weg!»

«Wenn Sie mein Koffer stört, müssen Sie ihn schon selbst herunterholen!»

Dafür aber war er sich zu fein. «So ein unverschämter Idiot!» rief er statt dessen, während er sich an seinen Platz zurückbegab: «Solche Idioten kann Deutschland brauchen, mit solchen Idioten kommt Deutschland nie aus der Pleite heraus!» Er blieb einen Augenblick stehen und hielt Ausschau, ob unter den Mitreisenden Verbrüderungspartner zu akquirieren seien, doch die taten allesamt gut daran, die Showeinlage zu ignorieren, worauf er wieder Platz nahm und nur noch gelegentlich ein «Nicht zu fassen, so was. Armes Deutschland!» ausstieß, bevor allmählich wieder Ruhe einkehrte.

Daß jemand ausgerechnet meinen Koffer für den Auslöser der im ganzen Zug vernehmlichen Reibungsgeräusche hielt, fand ich interessant. Zum speziellen Reiz der Situation trug zusätzlich bei, daß dieser rekordbrechend untalentierte Geräuschanalyst dem Schauspieler und Kabarettisten Jochen Busse wie aus dem Gesicht geschnitten war, und da zu dessen künstlerischem Repertoire auch die Rolle des ausrastenden Bürokraten und Spießers vorzeitlicher Art gehört, sann ich noch ein wenig über diese Personalie nach. Allerdings: Der mißlaunige Reisende war schlechtgekleidet und trug ein billiges Toupet, wodurch sich fast zwingend der Schluß nahelegte, daß es sich bei ihm keinesfalls um den vielgepriesenen Schauspieler handeln konnte. Doch schon keimte ein neuer Gedanke heran: Sollte Jochen Busse vielleicht einen gesellschaftlich gestrandeten Bruder haben, der, zerfressen von Haß auf sein erfolgreiches Ebenbild, in allem, was ihn an den Umstand erinnerte, daß er der schlechtere von zweien war, einen Anlaß zu jäher, bedenkenloser Wut sehen muß? Mein Gepäckstück, dem der gemutmaßte Looser-Bruder deutschlandschädliches Knarren unterstellte, war ein Aluminiumkoffer der Firma Rimowa. Diese äußerst strapazierbaren Koffer gelten in Kreisen, die sich zu kurz gekommen fühlen, als Insignien der Vielflieger, also der Entscheidungsträger, Kulturbonzen und Meinungsgestalter. Als ich mir vor vier Jahren meinen Rimowa-Koffer kaufte, dachte auch ich deshalb zunächst: «Einen Hauch von minderem Jet-set hat das Ding ja schon, aber die Robustheit, das sauber gearbeitete Rollenfahrwerk und der silberne Zieh-Schwengel rechtfertigen die Anschaffung.» Als gar so praktisch hat der Koffer sich dann freilich gar nicht bewährt. In unseren Landstrichen wird während etwa fünf Monaten des Jahres Granulat gestreut, und wenn man seinen Rimowa durchs Granulat zieht, springt einem schnell ein Steinchen ins Laufwerk, wonach von geschmeidigem Rollen nicht mehr die Rede sein kann. Einmal mußte ich an der Rezeption eines feinen Hotels in Konstanz sogar sagen, in meinem Rollwerk sei ein Granulatsteinchen, ob nicht der Haustechniker das mal entfernen könnte mit irgendeiner stocherfähigen Handwerksgerätschaft. In Form eines ansehnlichen jungen Mannes erschien der Haustechniker im Nu, entfernte das Steinchen mit einem Spannungsprüfer und erklärte: «Wir kennen uns. Wir haben vor zwölf Jahren in Görlitz mal einen riesigen Haufen Bier miteinander getrunken.» Ich fragte: «Warum sind Sie denn jetzt in Konstanz?» Zur Antwort kam: «Man muß halt dahin gehen, wo es Arbeit gibt.» Ich schämte mich meiner erzdummen Frage, versuchte mich erst mit «Münchner Gesellschaftsküssen» zu verabschieden, was als regional- und sozialuntypisch abgewehrt wurde, schämte mich dann noch mehr meines ebenfalls auf Ablehnung stoßenden Versuches, die simple Sache mit Trinkgeld zu erledigen, und wurde fast ein wenig fuchsig, als keine drei Minuten später auf dem Weg zum Bahnhof ein neuerliches Granulatsteinchen mein Rollwerk blockierte. Es muß deutlich gesagt werden: So toll sind die weltweit begehrten Rimowa-Koffer nun auch wieder nicht! Der verstoßene Jochen-Busse-Bruder sollte sich jedenfalls durchaus nicht veranlaßt sehen, deren Besitzer wütend zu beneiden. In Mainz stieg der schlechte Mann aus, nicht ohne zuvor zu versäumen, mich mit seiner (natürlich sehr billigen) Reisetasche anzurempeln.

Da habe ich also die Bekanntschaft eines Querulanten reinsten Wassers machen dürfen, was heutzutage nicht mehr häufig vorkommt. In meiner Kindheit gab es noch Leute, die aus lauter Lebensleere und Herzensödheit durch die Stadtviertel patrouillierten und alle falsch parkenden Autos aufschrieben, deren Kennzeichen sie der Polizei aus Telefonzellen durchgaben. Gern trugen sie eine Aktentasche, in der nichts drin war. In unseren gewandelten Zeiten aber, zumal im Land der notorischen Gelassen- und Unverkrampftheit, der ganzjährigen Badeurlaubsatmosphäre, der öffentlich zelebrierten Nachmittagsfrühstückerei, hat der Querulant einen schweren Stand. Wo soll er hin mit seiner Energie? Was hätte er kürzlich für eine verbissene Freude an jenem stundenlangen nächtlichen Hupen und Grölen haben können, das unter Fernsehmoderatoren, Bundespräsidenten und anderen gleichgeschalteten Verwirrten neuerdings auf das absurde Verhüllungswort «fröhlicher Patriotismus» hört – Ruhestörung gröbster Art war das, mal durch die unrosa Brille gesehen! Was hätte der Querulant da schön bei der Polizei anrufen können! Aber das geht heute nicht mehr, die Polizei ist schließlich beim Hupen und Grölen schützend und schmunzelnd dabei, und so muß der seiner Betätigungsfelder beraubte Querulant also knarrende Neid-Koffer dissen oder sich auf seine letzte sichere Bastion zurückziehen – das Leserbriefeschreiben.

Abonnenten von Zeitungen und Zeitschriften gibt es dreierlei. Erstens Menschen, die auf kiosklosen Halligen, auf Streichelbauernhöfen aus der Punk-Zeit, in Höhlen oder Köhlermeilern wohnen, zweitens solche, die sich in Likörlaune von einem mitleiderregend hohläugigen Propagandisten in einer Kneipe ein Abonnement haben aufschwatzen lassen; drittens Querulanten. Die können dem Postzusteller zunächst querulatorische Zettelchen an den Briefkasten kleben: «Würden Sie bitte meine Zeitung so in den Briefkasten stecken, daß sie oben nicht rausguckt??!! Hier im Hause wohnen leider Gottes auch einige Langfinger. Armes Deutschland!!!»

Sollte die Zeitung mal einen Tag zu spät kommen, können sie bei der Zeitung anrufen und der Vertriebsleitung das eine oder andere Ohr abkauen. «Gehmse mir bitte mal die Vertriebsleitung! Also, wo ist denn mein Zettel, Moment, man wird sich ja wohl noch die Brille aufsetzen dürfen in Deutschland, also hier haben wir's: Die Ausgabe vom 23.5. kam am 24.5., die vom 13.6. sogar erst am 15.6. und war auch noch leicht beschädigt, die vom 30.6. kam gar nicht und bei der Ausgabe vom 3.7. war auf dem Titelblatt ein Foto von Angela Merkel, die irgend jemand die Hand schüttelt, und mir ist bis heute nicht klar, wem sie die Hand schüttelt, und wissen Sie warum? Na, wissen Sie's? Wollen Sie's wissen? Ich kann's Ihnen erklären! Weil da nämlich der Aufkleber mit meiner Adresse auf das Gesicht von dem andern gepappt wurde. Ich frage Sie nun ganz höflich: Muß denn so etwas sein? Das kann man doch auch anders machen. Da kann man doch wirklich nur sagen: Armes Deutschland!»

Wenn er die Zeitung dann liest, fühlt sich der Querulant permanent «für dumm verkauft» oder «verschaukelt», wovon er die Redaktion regelmäßig in Kenntnis setzt, und zwar mit Sätzen, die klingen, als wären sie einem Korrespondenzratgeber für Meckerbriefe entnommen: «Für wie dumm will Ihr Schreiberling uns Leser eigentlich verkaufen? Artikel wie diese hätten wohl besser in einer Schülerzeitung Platz.» Hat der Querulant eine Glosse oder einen Cartoon nicht verstanden, schreibt er: «Ich will mich hier wirklich nicht als Humor-Ignorant outen, aber solche spätpubertären Ergüsse passen doch vom Niveau her eher zu ganz anderen Blättern. Beim nächsten Vorfall dieser Art werde ich mir überlegen, ob ich das Geld für mein Abonnement nicht sinnvoller anlegen kann.» Vor zwanzig Jahren gab es in solchen und ähnlichen Zusammenhängen als Pauschalvorwurf noch den «Stürmer-Stil», der ist inzwischen vergessen, aber seine Nachfolgerin, die «Spätpubertät», ist nach wie vor in aller Querulantenmunde. Gibt es überhaupt eine Spätpubertät im medizinischen Sinne?

Der Redakteur einer Tageszeitung erzählte mir einmal von einem Leser, der über mehrere Monate jedes falsch eingesetzte «ß» (also z. B. Rußland statt Russland) mit einem Filzstift eingekreist und die betreffenden Artikel mit einem dazugekrakelten «WAS SOLL DAS?» an die Redaktion gefaxt hat. Ich griff nach seiner Hand und versicherte ihn meines aufrichtigen Mitgefühls. Danach tranken wir noch einen riesigen Haufen Bier, von dem wir uns, wie wir erst beim Heimgang merkten, ziemlich «verschaukelt» fühlten.

Der Amethyst

Dreimal im Jahr gehe ich zum «Gemetzel». So nennt meine fröhliche Zahnärztin jene Maßnahme zur Zahnfleischprophylaxe, bei der sie mit einem metallenen Schaber die sogenannten Konkremente, also die harten Beläge unter dem Zahnfleisch, hervorkratzt. Anschließend geht sie zum «angenehmen Teil» über, der im lediglich kosmetisch notwendigen Fortschrubben der weichen Beläge besteht, wobei eine mit synthetischem Orangenaroma ausgestattete Polierpaste zur hilfreichen Anwendung gelangt. Zwischen den einzelnen Pflegeetappen ergibt sich das immer gleiche Gespräch. Ich erkläre ihr, daß die Beläge nicht vom Rauchen kommen, sondern vom Tee. Sie solle sich doch mal das Innere einer vielbenutzten Teekanne anschauen, verglichen damit sähen meine Zähne doch passabel aus. Darauf wird erwidert, daß sie da nicht mitreden könne, weil sie ihre Teekanne natürlich in der Geschirrspülmaschine reinige, sonst würden ja immer schwarze Fitzelchen im Tee schwimmen. Wie das denn aussähe!

Meine Antwort lautet dann stets, eigentlich solle man das ja nicht, Teekannen im Geschirrspüler waschen, Teekenner würden ausrasten, wenn sie so etwas hörten, worauf die Ärztin sagt: «Ach ja, was man nicht alles nicht soll!»

Manchmal kommt es vor, daß sich der Zitrusgeschmack von der Weichbelagentfernung mit dem Blutgeschmack der Konkrementbehandlung mischt, wobei sich unweigerlich eine bestimmte Kindheitserinnerung in mir breitmacht: Wenn ich im Alter von fünf oder sechs Jahren durch die stillen, schlicht bebauten Straßen meiner Vorstadtsiedlung stromerte, traf ich nicht selten auf alte Frauen, die eine freilich ganz und gar harmlose Neigung hatten, kleine Jungen anzusprechen oder zu «betatschen», obwohl dieser Ausdruck aus dem Sprachschatz genervter junger Mädchen hier strenggenommen nicht recht passen will, hatte ich es im Grunde doch nicht ungern, wenn interessant verdickte und gepunktete gelbe Finger meine Nase rieben, zumal solcherlei Körperkontakte fast regelmäßig mit der Überreichung eines verschrumpelten kleinen Apfels einhergingen. Eine dieser Frauen lockte mich bisweilen in ihr Haus, in dem sie ganz allein lebte.

In einen der beiden steinernen Pfosten, welche die Tür zum Vorgarten der alten Dame säumten, waren drei große Lettern gehauen: REM. Das war ihr Name, und das war auch das erste Wort, das ich lesen konnte. Da alte Frauen damals noch nicht zum Kieser-Training gingen, auch nicht an sich herumschneiden ließen, hatte Frau Rem einen klassischen Buckel und im Gesicht eine Vielzahl schwarz angelaufener Fibrome und ganz amtlich behaarter Warzen. In ihrer Witwenkleidung sah sie aus wie eine Hexe der Gebrüder Grimm, was ich seinerzeit aber nicht wußte, da ich Fernseher nur aus Kaufhausschaufenstern der in meinen damaligen Augen außerirdisch weit entfernten Innenstadt kannte und daher keine Märchenfilme. Ich war somit völlig unvoreingenommen und auch ohne Bedenken, was den Verzehr des mit Leitungswasser verdünnten Himbeersirups anbetraf, den mir Frau Rem in ihrer großen dunklen Stube vorsetzte. Die Vorhänge waren zugezogen. Man konnte gerade noch die Umrisse des üppigen Gründerzeitmobiliars erkennen. Einmal schob sie mich in den nicht minder düsteren Flur, und ich durfte mit ihr vor einer Standuhr stehen und warten, bis es «Bong» machte. «Hast du das gehört?» fragte sie dann. Mit fünfzehn hätte ich entgegnet: «Ich bin ja nicht schwerhörig!», aber mit fünf? Ich werde wohl gesagt haben: «Oh, die Uhr hat ‹Bong› gemacht! Wie oft macht'n die ‹Bong›? Macht die auch nachts ‹Bong›?»

Gewiß wäre ich von Frau Rem auch gern aufgefordert worden, ihren staubigen alten Marabu zu streicheln, aber sie hatte keinen. «Lebt der noch?» «Hat der mal gelebt?» «Hast du den gekauft oder geschenkt gekriegt?» «Wieviel kost'n so einer?» All das hätte ich gern gefragt, aber Frau Rem war wahrscheinlich keine Tierpräparatorenwitwe. Ich habe keine Vorstellung davon, ob meine Besuche bei ihr mehrere Stunden oder zehn Minuten dauerten, aber sie endeten stets mit Hinweisen auf meine Frau Rem unbekannte Mutter, die sich keine Sorgen machen dürfe, sowie dem Hervorholen einer Blechbüchse, in der sich eigentlich Bonbons befinden sollten. Im Laufe der Jahre, wenn nicht gar Jahrzehnte, die sich die nicht einzeln verpackten Drops in der Büchse befunden haben mochten, waren diese jedoch zu einem einzigen, amethyst-, oder besser: rosenquarzartigen Klumpen der Art zusammengewachsen, wie ich sie im späteren Leben noch oft in mineralogischen Schausammlungen bewundern durfte. Dennoch ist es Frau Rem jedesmal gelungen, von der zähen Zusammenballung mit bemerkenswerter Körperkraft,

wenngleich seufzend und knurrend, einen halbwegs kin-
dermundgerechten Brocken abzubrechen, den sie mir
dann mit der Ermahnung, ja vorsichtig zu lutschen, in die
Hand gab.

Vorbei an sich recht rhythmisch mit Gitterzäunen und
Ligusterhecken abwechselnden Jägerzäunen ging ich,
behutsam ein zu großes Bonbon lutschend, heim. Nur
konnte man noch so vorsichtig sein: Ein solches Produkt
urvorzeitlicher Zuckersiederei war dermaßen scharfkan-
tig, daß sein Aroma gar nicht anders konnte, als sich mit
demjenigen des Blutes dessen, der lutschte, zu mischen.
«Gehst du zu Frauen, vergiß die Peitsche nicht!» – dieses
literarische Zitat kannte ich in jenen Jahren noch nicht.
Den Spruch «Kehrst du von Frauen zurück, hast du Blut
im Munde» hätte ich mir aber rein theoretisch schon damals ausdenken können, denn es handelte sich um eine
mehrmalige Erfahrung.

Was ist wohl aus Frau Rem geworden? Nun, das ist
keine allzu kluge Frage. Aber hat sie vielleicht Nachfah-
ren, bei denen ich mich bedanken könnte? Ich verdanke
ihr ja einiges: eine Vorliebe für finstere Museen mit staubigen Exponaten, damit verbunden auch eine allerdings
längst vorübergegangene Neigung zu Gothic Rock und
nicht zuletzt regelmäßige nostalgische Gefühlswallungen
bei der Zahnsteinentfernung.

Kinder fauler Mütter sprechen
unbezahlt in Mikrophone

Häufig hört man von extremen Müttern, extrem guten oder extrem schlechten – von denen, die sich aufopfern und plagen, den selbstlosen, Nachkriegszeiten und berufliche Belastung meisternden, die sich um des Kindes willen vor Panzer wie vor Walzen werfen würden, hört man freilich deutlich lieber als von der Sorte, die im Vollrausch auf Balkonien achterlei Nachwuchs gebärt und in Blumentöpfen vergräbt. Führt man jedoch im Kreise von Bekannten Gespräche, ist zu erfahren, daß die meisten Menschen eine Mutter haben oder hatten, die keiner der genannten Kategorien zuzurechnen ist. Zwischen den beiden Polen gibt es eine große Palette von normal guten, anständigen, leidlichen oder mittelprächtigen Müttern. Immer wieder treffe ich Leute, die, unter dem Mantel der Vertraulichkeit, eine ganz bestimmte Art von unperfekter Mutter nennen, etwa mit den Worten: «Meine Mutter war ein guter Mensch, aber relativ faul.» Ich möchte jetzt etwas O-Ton erklingen lassen, natürlich fiktiven O-Ton, wie sich das gehört im Reich der Kunstschriftstellerei, aber doch immerhin Fiktion im O-Ton-Sound, denn O-Ton ist preiswert, und darauf kommt es an, nicht in der Kunstschriftstellerei zwar, aber im Fernsehen: Warum sonst sieht man in Magazinsendungen immer irgendwelche Passanten, die in Einkaufszonen in Mikrophone sprechen, womit sich mancher arge Blößen gibt? Weil O-Ton fast nichts kostet. Man müßte den Fußgängern einmal deutlich machen, daß es rein kommerziell operierende Unternehmen sind, denen sie ohne jede Bezahlung plappernderweise das Rohmaterial für Vorabendmagazine liefern. Aus dem gleichen Grunde finden sich in Fernsehfilmen immer eine Vielzahl schrecklicher Liebesszenen, denn die sind natürlich billiger als Aufnahmen, für die man 2000 Statisten in preußischen Uniformen braucht.

Hier also der angekündigte O-Ton. Es spricht ein Mann von Mitte Vierzig:

«Ich bekam als Kind wahnsinnig viele Geschenke, und meine Mutter hat mich immerzu gefragt, was ich mir wünsche. Ich habe mich aber nie getraut, ihr zu sagen, was ich mir am meisten wünschte. Du denkst jetzt gewiß, ich hätte mir Liebe gewünscht, was? Nein, meine Mutter hat mich geliebt, und sie hat mich das auch spüren lassen. In diesem Belang gab es keine Defizite. Was ich mir am meisten von ihr gewünscht hätte, war vielmehr ein häufigerer Wechsel meiner Bettwäsche. Es war mein Allerliebstes, in einem frisch bezogenen Bett einzuschlafen, aber meine Mutter war der Ansicht, daß es ausreicht, die Bezüge alle zwei Monate zu wechseln. Als ich in die Pubertät kam, fing ich an, das Bettzeug selbst zu wechseln, was mir auch durchaus zuzumuten war. Nur hat meine Mutter diese Eigeninitiative nicht gelobt, sondern lächerlich gefunden, sie gebrauchte die Begriffe ‹Fimmel›, ‹Marotte› und ‹typisch deutsch› und sagte, ich wäre schlimmer als Oma.»

Die mütterliche Kritik, man sei «schlimmer als Oma», kennt der Berichterstatter, wenngleich in anderem Zusammenhang, aus seiner eigenen Kindheit, doch erst heute fällt ihm auf, wie bizarr es ist, so etwas zu einem Kind zumal männlichen Geschlechts zu sagen.

Anderer O-Ton: Es spricht eine Frau von fünfzig Jahren, Leiterin der heeresgeschichtlichen Abteilung eines großen Museums:

«Das zum Regelfall erklärte Klischee besagt ja, daß Eltern ihre Kinder anflehen, endlich mal ihr Zimmer aufzuräumen. Bei mir war es aber so, daß mein Zimmer das aufgeräumteste in der ganzen Wohnung war, und ich kannte einen Jungen, bei dem das auch so war. Nach der Schule habe ich mich erst mal eine halbe Stunde dem Haushalt gewidmet, Küche wischen etc., aber nicht etwa, weil meine Mutter mich dazu angehalten hätte, mich an solchen Arbeiten zu beteiligen, sondern weil ich sie im Gegensatz zu ihr für dringend geboten hielt. Eine Sache war ganz typisch für meine Mutter: Es gab bei uns viel Dosenkompott, ist ja auch nichts dran auszusetzen, schmeckt ja ganz gut, wenngleich nicht so gut, daß nichts übrigbliebe. Es blieb immer etwas über, und diesen Rest stellte meine Mutter auf den Küchentisch, wo er sofort vor sich hin zu gären begann. Ich sagte meiner Mutter mehrmals, sie könne doch Haushaltsfolie über die Schale spannen, die es allerdings noch gar nicht gab, also ich sagte, sie solle doch eine Untertasse auf das Schälchen legen und es in den Kühlschrank stellen. Das tat sie aber nie. Sie war einfach zu faul. Ich sagte zu ihr auch: ‹Geh doch mal in die Volkshochschule oder fahr mit einem billigen Busunternehmen nach Florenz. Dort könntest du wunderbare Freundschaften mit anderen etwas ermüdeten Frauen deines Alters schließen.› Das tat sie auch nicht. Meiner

Mutter mit Ratschlägen zu kommen war stets ein vollkommen fruchtverweigerndes Unterfangen oder, wie wir Militärhistoriker sagen, ein ‹uphill battle against the sun›. Extrem schwierig halt. Sie wollte immer nur auf dem Sofa sitzen und fernsehen und wirkte dabei noch nicht einmal latent depressiv. Nachdem sie gestorben war, habe ich mich kurz gefragt, ob ich wohl noch trauriger wäre, wenn sie nicht gar soviel herumgesessen, sondern etwas mehr Elan gezeigt und ab und an etwas Frisches gekocht hätte, was ich mir umgehend streng verneinte, doch die Verdrängung dieser Frage war vermutlich Selbstzensur.»

Als der «Frankfurter Allgemeinen» Zeitung noch ein Magazin beilag, gab es darin einen Fragebogen für berühmte Leute, in dem nebst vielem anderen anzugeben verlangt wurde, wen man als seine Lieblingsheldinnen in a) der Dichtung und b) der Wirklichkeit erachte. Eine häufige Antwort in der Sparte Wirklichkeit lautete: «alle Mütter dieser Welt», womit eine Auffassung geäußert wurde, der es an Originalität mangeln mochte, nicht aber an genereller Berechtigung.

Daß man in der Öffentlichkeit viel häufiger von großartigen oder bösen Müttern hört als vom nicht besonders seltenen Typus der zwar nicht lieblosen, aber etwas trägen und relativ faulen und allgemein an der Unterkante ihrer Möglichkeiten operierenden Mutter, mag in dem Bedürfnis gründen, die Mutter als Menschensorte umfassend zu verehren. Eine Mutter indessen, die viel ruht und fernsieht, kann man zwar ohne weiteres lieben, mit der Verehrung aber wird es schwieriger. Ein Anlaß, eine Interessengemeinschaft «Kinder fauler Mütter» ins Leben zu rufen, besteht trotzdem nicht, denn solchen Kindern stehen alle Türen offen. Wer eine allzu grandiose Daseinsbewältigerin zur Mutter hat, ist dazu verdammt, in Dankbarkeit zu versteinern. Das Schicksal von Kindern mieser Mütter ist ebenfalls vorgezeichnet. Ich sage nur: Bahnhof, Camouflagehose. Beim Nachwuchs von in vertretbarem Maße fehlerhaften Müttern hingegen ist alles drin, der gesamte Fächer der Möglichkeiten. Man kann König der Welt werden mit allem Drum an Dran: Villa am Nordpol, Villa am Südpol, Villa überall, Trüffelrisotto in fünfzig von Großmeistern der Lebensmittelfotografie opulent in Szene gesetzten Variationen. Man hat aber auch die Option, übel abzustürzen, und zwar so richtig allerübelst, ich sage schon wieder: Bahnhof, Camouflagehose. Oder aber Bahnhof und Hose, die vorn Jeans ist und hinten beige Cordhose. Bzw. oberhalb des Knies vorn beige Cordhose und hinten Jeans und unterhalb des Knies vorn Jeans und hinten Cordhose. Junge Herrn in solchen Hosen sieht man im Lande Brandenburg oft an verkrauteten Kleinstadtbahnhöfen zu sinnlosen Meetings vereint, weswegen sie von einem bestimmten kleinen Kreis miteinander in Berlin verkehrender Menschen auch «Umland-Hose» genannt wird.

Als Kind einer faulen Mutter kann man natürlich ebensogut ein braves Rädchen im Getriebe werden, ein honorables Rädchen, unauffällig, doch hoffentlich nicht überflüssig. Ich habe einmal die Bekanntschaft einiger mitleiderregend überflüssiger Schrauben oder Rädchen gemacht. Ich hatte ein Gerät, entweder einen Wecker oder einen Toaster – ich kann mich nicht genau entsinnen –, und aus diesem Apparat fielen manchmal Rädchen oder Schrauben heraus, was ihn nicht daran hinderte, unermüdlich und tadellos mit dem Toasten und Wecken fortzufahren. Die Schrauben oder Rädchen habe ich mit dem Fingernagel vom Nachtkasten oder Küchentisch geschnipst. Wo mögen die gelandet sein? Den metaphorischen Beigeschmack dieser Schrauben empfand ich seinerzeit als deprimierend. Man fällt aus dem Getriebe, und alles geht unbeirrt seinen Gang; was man gesagt und gemacht hat, ist so unwichtig wie das Innenleben einer Nuß. Man stirbt, und nach drei Tagen sagt der Nachbar: «Wer nebenan gewohnt hat? Keine Ahnung. Irgend so eine Allerweltsperson, die einen Wecker oder Toaster hatte.» Und wenn die Nachwelt einem immerhin und trotzdem einen Grabstein spendiert, dann nur, weil Grabsteine zum «ortsüblichen Erscheinungsbild» gehören.

Die brutale und äußerst unangenehme Art, wie dieser Text endet, hat sein Autor übrigens dem Leben abgeschaut.

Von fehlenden Haken und quälender Angst

Zwei der volkstümlichsten wie traditionellsten Orte der Hamburger Innenstadt sind die beiden großen Bratfischrestaurants von Daniel Wischer. Dasjenige in der Spitalerstraße ist vor kurzem auf den derzeit alles verdrängenden Look gebracht worden, ähnelt also trotz reichlicher nautischer und ichthyologischer Verzierung neuerdings einer amerikanischen Kaffeebar. Nicht lange wird's dauern, bis sich auch die letzte deutsche Versicherungskantine in Coffee-Shop-Gestalt lieb Kind macht, und vielleicht wird bald auch der erste Student zu beklagen sein, den, während er turnusgemäß sein Elternhaus im Vorort einer Kleinstadt besucht, ein allzu früher Schlag trifft, weil er die Mutter in ihrer alten Küche unter einer schwarzen Steckbuchstabentafel stehend vorfindet und von ihr gefragt wird: «Tall, Grande oder Venti?» Sosehr ich die Kaffeebars schätze, liebe ich doch auch die Abwechslung, und so kommt's, daß ich die Daniel-Wischer-Filiale in der Steinstraße mit ihrer von ungefähr 1960 stammenden Inneneinrichtung bevorzuge. Man kann sich gut vorstellen, daß dort schon die Beatles Platz genommen haben, um sich, reeperbahnverkatert, mit Goldbarsch, Püree und Salat aus gekochtem Knollensellerie aufzupäppeln, wogegen sich Kenner der DDR an die «Gastmahl des Meeres» genannten ostdeutschen Fischlokale erinnert fühlen dürften. Der Fisch ist unmodern gebraten, aber frisch, das Püree aus richtigen Kartoffeln, und die Kellnerinnen, allesamt gehobene Semester, aus echtem Schrot und Korn und somit ausgestattet mit einem schönen Repertoire gediegenen mütterlichen Spruchwerks: «So! Damit Sie mir hier nicht verdursten!» sagen sie beim Wasserhinstellen, und während man sich alsdann sättigt, bekommt man mit Sicherheit weitere Munterkeiten zugerufen, wie etwa: «Schön aufessen! Damit wir morgen schönes Wetter haben!» Dabei rasen sie so wendig und trittsicher zwischen den vielen engstehenden Tischen umher, als wären sie von der Art jener neuartigen selbsttätigen Staubsauger, die niemals irgendwo anecken, und wem das alte Wort «Tüchtigkeit» aus dem Wortschatz gerutscht sein sollte, dem wird es hier bestimmt wieder einfallen.

Erstaunlich ist die Anzahl der Garderobenhaken. Während man in anderen Gastronomiebetrieben heute davon ausgeht, daß die Gäste, entweder aus Angst vor diebisch umherstrolchenden Junkies oder aus bloßer Gewohnheit, ihre Mäntel und Jacken auf freien Stühlen zusammenknüllen, weswegen auf das Aufstellen von Kleiderständern mittlerweile oft verzichtet wird, dürfte bei Daniel Wischer die Anzahl der Aufhängmöglichkeiten die der Stühle womöglich sogar übersteigen. An jeder der vier Wände sind mehrere Kleiderleisten, zusätzlich gibt es Ständer mit umfangreichen Hakenrosetten, so daß es, auf welchem der vielen Stühle man sich auch niederläßt, immer möglich ist, seine Straßengarderobe beim Mahlzeitmachen im Visier zu haben. Bei meinem letzten Besuch zählte ich von meinem Platz aus ohne viel Halsverdrehen und Kopfverschieben stolze 78 Haken. Der Welt mit ihrer plumpen Sucht nach Exzessen, Rankings, Listen und Rekorden sei hiermit nahegelegt zu prüfen: Ist Daniel Wischer, HH, Stein-straße, das kleiderhakenreichste Eßlokal der Welt? Ich glaube ja. Ein Himmelreich für alle, die beim Essen nichts lieber tun als ihren Mantel aus sicherer Entfernung dabei zu betrachten, wie er sich unzerknautscht entspannt, als freier Mann gewissermaßen, oder noch etwas besser aus-gedrückt: in – abgesehen von der Tatsache, daß er festge-halten wird – freiem Fall, und auf solch althergebrachte Weise seinem gutbürgerlich neuaufgefüllten Herrchen und Besitzer stumm entgegenwartet.

Wer je an einem kalten Winterabend in einem vollbe-setzten Kinosaal einen überlangen Film mit mehreren auf dem Schoß gehäuften dicken Kleidungsstücken ansehen mußte, wird nicht allzu anfällig sein für die Auffassung, die Frage der Haken sei nicht von Bedeutung. Zwar könnten vor der Leinwand eine Reihe alter Ehebetten aufgestellt werden, auf denen man in der Tradition von Verwandschaftstreffen in häuslichem Rahmen den einen oder anderen Mantelhaufen anlegt, doch das Geknuffe und Gekeif beim Einsammeln am Ende der Vorführung möchte man dann doch lieber nicht «in Echtzeit» erleben. Her mit Haken also! Auch in Hotelzimmern verstört ihr Fehlen. Es wäre wohl «im Sinne des Erfinders», seine Sachen in den muffigen Schrank zu hängen, aber dazu hat der eilige Kurztrip-Gast von heute keine Lust, und wenn er sich doch dazu durchringt, findet er im Schrank keine klassischen Bügel mehr vor, sondern die meistens so genannten «blöden Dinger», die sich nicht als Ganzes von der Stange nehmen lassen. An der Oberkante des blöden Dinges ist ein Sporn oder Nagel, den man aus einer festhängenden Plastiköse winden muß, was den an geschmeidigen Bewegungsabläufen und straffem Zeitmanagement interessierten Reisenden so sehr auf die Nerven fallen kann, daß er seinen Mantel lieber mitten ins Zimmer schmeißt, als sich mit dieser dummen Bügeldiebstahl-Sicherung zu befassen. Schätzungsweise Platz 181 auf der Liste der unbeliebtesten Gebrauchsgegenstände der Welt: der Ösenbügel. Her also, ich kann's nur in die Hände spuckend wiederholen, her also mit Kleiderhaken an der Wand!

Von Lebensfeinheit und Ästhetik einmal abgesehen, gibt es in Restaurants allerdings keinen triftigen Grund mehr, von der Zusammenballung seines Mantels auf einem unbesetzten Nachbarstuhl abzusehen. Sitzt man heute zu zweit oder allein an einem Tisch, besteht kaum noch die Gefahr, daß ein Fremder mit der Frage in Erscheinung tritt, ob er sich dazusetzen dürfe, da sonst nichts mehr frei sei. Ein einzelner, der sich in einer Gastwirtschaft zu einem Paar auf einen freien Stuhl setzt, ist sogar nahezu undenkbar; man würde ihn für einen irren oder rabiat undezenten Menschen halten. Experten der westlichen Seele berichten überdies, daß kaum eine Phobie in den letzten Jahrzehnten so heftig an Zuspruch gewonnen hat wie die Angst davor, mit unbekannten Menschen an einem Tisch sitzen zu müssen, ja überhaupt vor dem Essen in der Öffentlichkeit.

Im Internet finden sich allerlei von pedantischen Wissenschaftsspaßvögeln erstellte Listen, in denen die medizinischen Namen aller nur denkbaren Ängste aufgeführt werden. Im allgemeinen zielen solcherlei Listen auf simple

Verblüffungseffekte, auf ein «Nein, was es nicht alles gibt auf der Welt», aber da die Angst vor dem Essen in Gesellschaft eine häufige ist, lohnt es ausnahmsweise, sich den Namen dafür zu merken: Deipnophobie. Es ist die Furcht davor, durch die Unfähigkeit zu oberflächlicher Plauderei aufzufallen, die Angst vor der Unruhe des eigenen Blicks in die Augen des Fremden, vor dem Zittern der speisenführenden Hand. Die neulich von der Statistik in die Gegend gestellte, beunruhigende und befremdliche Zahlentatsache, daß der durchschnittliche Deutsche neunzig Tiefkühlpizzas pro Jahr verzehrt, gründet vermutlich nicht nur in der dröhnend werbenden Nährmittelindustrie und im allgemeinen Zugrundegehen des Geschmackssinns, sondern auch in der weitverbreiteten Unfähigkeit, außerhalb seines engsten Kreises Nahrung aufzunehmen. Immer wieder hört man, uns seien die Tabus abhanden gekommen, was ein Unfug ist – es gibt ständig neue. Niemand spricht über seine Furcht vor Geschäftsessen oder privaten Essenseinladungen, aber wenn die Apotheker ihre Einnahmen aus Tabletten gegen leichte oder mittlere Kommunikationsängste verlören, brauchte mancher seinen Laden gar nicht mehr aufzusperren.

Früher war das ganz anders. Wenn in den sechziger Jahren zu sonntäglichem Kaffeetrinken mit «Käfern» oder, etwas später, auch schon mit «Enten», d. h. leider nie mit «Jaguars», ins Grüne aufgebrochen wurde, war es aufgrund des damals noch bescheideneren Sitzplatzangebots und der geringeren Angstbefallenheit der Leute die Regel, daß man mit Unbekannten an einem Tisch saß. Beliebt war diese Situation allerdings auch damals nicht. Gespräche unterblieben oder wurden sehr leise geführt, damit die nicht zur Familie Gehörigen auf keinen Fall mitbekamen, was man Weltbetörendes über die Qualität des Kuchens oder des Wetters zu verlautbaren hatte. Heute ist es eigentlich nur noch im Biergarten üblich, mit fremden Leuten zusammenzusitzen, und dort geht es aufgrund der tatsächlichen oder auch nur antizipierten alkoholischen Entkrampfung noch immer für alle ohne Probleme.

Bei meinem letzten Aufenthalt in Hamburg war Daniel Wischer in der Steinstraße voll. Nicht ganz, ohne Zweifel: Ich hätte guten, alten, stark hamburgelnden, mit Prinz-Heinrich-Mützen bzw. «Kapotthüten» versehenen Ehepaaren Gesellschaft leisten können, aber das macht man ja nicht mehr in dieser psychotisch angereicherten Zeit. Ich wechselte also in den nahen, wie gesagt: modernisierten Schwesterbetrieb in der Spitalerstraße hinüber. Haken gibt es dort auch, und man erfreut sich zudem des Vorzugs, daß dieses Lokal, um der heute kaum noch zu umgehenden Forderung nach «Transparenz» ihr Recht zu verschaffen, eine offene Küche besitzt, also eine, in die man vom Gastraum aus hineinsehen kann. Darin waren schwarze Männer zugange – klar, es gibt keine Hamburger Restaurantküche ohne afrikanische Arbeitskräfte, was ein wesentlicher Unterschied zu Berlin ist. Selbst in Hamburger Chinarestaurants arbeiten Afrikaner. Auch in der Fischgaststätte brieten, schnippelten und panierten also vier schwarzafrikanische Mannsbilder von Riesengestalt behende vor sich hin, zudem aber war eine einzelne zartgliedrige, dem Anschauen nach russische, ukrainische, vielleicht polnische Frau dabei. Da man nicht immer nur Garderobenhaken zählen kann, machte ich diese Frau zum Gegenstand meiner den Verzehr des Gebratenen begleitenden Bewunderung. Ich kann mir nicht vorstellen, daß es für eine einzelne slawische Frau von einem Meter fünfundfünfzig einfach ist, mit vier afrikanischen Matschos eine Küchengemeinschaft zu bilden, seien diese auch noch so ansehnlich. Das von seiner Prominenzgier ablenken wollende Establishment kürt bekanntlich gern Menschen zu «Helden des Alltags»: Sollen sie doch auch einmal einen derjenigen berücksichtigen, die in ethnisch zum Teil äußerst heiklen Zusammensetzungen in Küchen von Lokalen dafür sorgen, daß unsereins seinen geliebten Fraß vorgesetzt bekommt.

Der Bericht aus der wohl hakenreichsten Fischbraterei der Welt sei hiermit zu Ende gebracht. Ob übrigens in dieser rankingsüchtigen Welt schon einmal Rankpflanzen gerankt wurden, vermag ich nicht zu sagen, und ich guck ein bißchen schläfrig, schau sogar verstohlen auf die Uhr, indem ich vorschlag: 3. Platz: Geißblatt, 2. Platz: Wein, 1. Platz: Efeu. Und der Heckenknöterich, wo bleibt der ab? Was weiß ich, soll sich doch für Heckenknöterich engagieren, wer sich dafür nicht zu schade ist. Heckenknöterich braucht Hecken, um zu ranken, Efeu braucht noch nicht mal Haken!

Zu guter Letzt sei erwähnt, daß sich auf den Phobienlisten im Internet kein griechischer Name für die Angst davor befindet, einen mit Denkerstolz und Manneskraft geschriebenen Aufsatz auf eine so schlaffe, ja sogar Heckenknöterich angähnende Weise zu beschließen, aber, mein Gott, angstlösende Tabletten muß man wegen einer solchen Angst wohl keine schlucken – da muß man einfach durch, das werden die Leute schon akzeptieren in ihrer herben, volkstümlichen Milde.

Rosel Zech wird behelligt

Mit Hutschachteln beladen geht Rosel Zech, elegant gewan-
det, wie man es zu Recht von ihr erwartet, durch die Berli-
ner Uhlandstraße, wo sie es, seltsam willensschwach, in Kauf
nimmt, von einem Halbwüchsigen behelligt zu werden. So
untypisch, wie sie sich beträgt, könnte man fast meinen, sie
sei gar nicht die «echte» Rosel Zech, sondern eine andere.

JUNGE: Hey, ich sehe da gerade die bekannte Schauspielerin Rosel Zech herumspazieren. Die werd ich ein bißchen ausfragen. Frau Zähäch! Frau Zähäch! Sie sind zu
Filmdreharbeiten in Berlin?

ZECH: Ja. Guten Tag erst mal. Wo ich herkomme, sagt
man erst einmal Guten Tag.

JUNGE: Stimmt ja gar nicht. Wo Sie herkommen, sagt
man erst mal Grüß Gott. Aber ist ja egal: Guten Tag.
Was ich Sie schon immer mal fragen wollte: Haben Sie
eigentlich einen großen Briefkasten?

ZECH: Um Gottes willen, nein. Wir haben einen ganz normalen Briefkasten. Worauf bitte schön zielt Ihre reichlich seltsame Frage?

JUNGE: Na, Sie kriegen doch sicherlich ab und an dicke
Drehbücher geschickt, und wenn so eines oben aus

dem Briefkasten herausguckt, kann es ja vorkommen, daß sich das ein Hund schnappt und damit sonstwohin verschwindet.

ZECH: Das ist mir glücklicherweise noch nie passiert, daß ich einem Hund mit einem für mich bestimmten Drehbuch im Maul hinterherrennen mußte, wenngleich das eine hübsch abwegige Vorstellung ist.

JUNGE: So abwegig gar nicht! Mein Vater hat mehrere Zeitschriften abonniert, und in Berliner Mietshäusern gibt es ja nur diese zerbeulten grauen Blechkästen, wo nichts reinpaßt. Irgendwann sagte mein Vater: Jetzt reicht's und hat sich bei Manufactum einen schönen großen blauen Briefkasten gekauft, viermal so groß wie die anderen, mit einem historischen bayrischen Posthorn drauf.

ZECH: Danach war Ihr Vater doch sicher der glücklichste Mann auf Erden!

JUNGE: Ja, aber nicht lange. Die Nachbarn halt. Zuerst haben sie nur getuschelt, so im Stil von «Da kommt Maestro Mister Wichtig mit dem königlich-bayrischen Riesenbriefkasten», dann wurde er nicht mehr zum Hoffest eingeladen, noch später haben sie ihm Laub reingeschaufelt und abgelaufenes Salatdressing reingegossen, und am Ende haben sie den Kasten abgeschraubt und in den Fahrradkeller geschmissen.

ZECH: Mobbing! Tut mir leid für Ihren Vater. Offenbar verhält es sich bei uns mit den Briefkästen ähnlich wie mit den Fahrrädern in Holland. Dort darf nämlich niemand ein schöneres oder moderneres Fahrrad haben als die anderen. Alle müssen auf verrosteten Mühlen herumfahren, die aussehen, als hätten sie zehn Jahre in einer Gracht gelegen. Das ist halt dieses Überegalitäre! Aber ich hab da einen Ratschlag für Ihren Vater: Wenn man sich mit seinem Postboten gutstellt, indem man ihm z. B. vor Weihnachten ein Trinkgeld zusteckt, kommt er direkt an die Tür, wenn er mal ein bißchen was Dickeres bringt.

JUNGE *frühreif-ranschmeißerisch*: So wie ich Sie einschätze, kriegen Sie bestimmt ziemlich oft was Dickeres gebracht.

ZECH *geschmeichelt*: Gelegentlich, natürlich. Es wäre wohl falsche Bescheidenheit, wenn ich sagte, ich bekäme niemals etwas Dickes gebracht. Leider liegt unser Haus am Anfang der Route meines Postboten, das heißt, er kommt früh, und man öffnet nicht gern im Baderock die Tür.

JUNGE: Aber als Filmschauspielerin werden Sie doch eh immer im Halbdunkeln zum Drehen abgeholt.

ZECH: Ach nein, das ist so ein von der Boulevardpresse verbreitetes Klischee, über das wir vom Film ganz gerne schmunzeln. Nur für Kußszenen muß man früh raus, weil die ja gern bei Sonnenaufgang gedreht werden.

JUNGE: Was machen eigentlich die Schauspieler *nach* den Kußszenen?

ZECH: Nach den Kußszenen haben die jüngeren Kollegen Bettszenen, und die älteren setzen sich in die Kantine.

JUNGE: Ach, Frau Zech, Sie gehören doch bestimmt noch nicht zur Kantinenfraktion.

ZECH *fast kichernd*: Ihrem Charme könnte ich glatt erliegen. Ich muß aufpassen!

JUNGE: Ich nehme an, daß Sie das andauernd gefragt werden, aber ist das nicht eklig, immer fremde Männer zu küssen?

ZECH: Ja, schon – aber das, wovor sich Schauspieler fürchten, sind gar nicht so sehr die Bettszenen, sondern Szenen, in denen Kaffee getrunken wird.

JUNGE: Erzählen Sie bitte en détail!

ZECH: Na, Sie wissen doch, genau wie Filmblut kein echtes Blut ist, sieht echter Kaffee im Film unecht aus, und deswegen müssen wir Schauspieler immer Filmkaffee trinken, das ist ein Gemisch aus Kartoffel-

saft und Schweineblut – also, nach so einer ausufern-
den Kaffeehausszene fühlt man sich doch oft recht
elend.

JUNGE: Und was ist noch alles eklig beim Film?

ZECH: Da fällt mir jetzt nichts Spontanes ein. Aber warten Sie, wo Sie so lieb fragen, von einer Sache könnte
ich noch berichten, die jedoch weniger den Film als
das Theater betrifft. Wenn Sie als Schauspieler vor der
Vorstellung auf Ihren Auftritt warten, wird aus irgendwelchen Gründen das Zuschauergemurmel aus dem
Saal mit Hilfe einer über der Tür befindlichen Laut-
sprecherbox in Ihren Garderobenraum übertragen. Ich
frage mich schon seit 35 Jahren, warum ich mir dieses
bisweilen höllisch laute Einlaßgebrabbel anhören soll,
aber man gewöhnt sich daran. Manchmal aber kommt
es vor, daß man einzelne Wortfetzen von Leuten, die
offenbar in der Nähe des Saalmikrophons sitzen, verstehen kann. Und einmal – es waren noch fünf Minuten bis zur Premiere von «Medea» – hörte ich aus dem
Lautsprecher ein Gespräch von zwei Frauen: «Ich hab
gehört, die Zech soll ganz ausgezehrt sein, seit sie von
dem und dem sitzengelassen wurde.» Ich weiß nicht
mehr, von wem genau ich nach Ansicht der dummen
Gans gerade sitzengelassen wurde. Worauf die andere
meinte: «Also, ich habe gehört, sie sei seitdem ganz
schön in die Breite gegangen.» Direkt danach mußte
ich auf die Bühne, und das war nun wirklich eklig, vor
einem Saal zu spielen, in dem zumindest zwei Leute sa-

ßen, die der Ansicht waren, ich sei gerade sitzengelassen worden und infolgedessen wahlweise zu dünn oder zu dick.

JUNGE: Wahrscheinlich ist es nach so einem Abend besonders heavy, wieder «runterzukommen», oder? Schauspieler müssen doch abends immer «runterkommen», um nicht «abzuheben», oder?

ZECH *allmählich (warum eigentlich erst jetzt?) etwas unwirsch*: Dafür entwickelt man im Laufe der Zeit schon seine Technik. Machen Sie sich darüber mal keine Sorgen!

JUNGE: Ich kann mir aber auch vorstellen, daß man nach einer Vorstellung in seinem Bettchen im Dreisternehotel liegt und sich fragt: Na, wo bleibt denn meine tolle Runterkomm-Technik? Fällt Ihnen nicht dann und wann doch einmal so richtig superbrutal die Decke auf den Kopf? Abstürze gibt es doch in jedem Künstlerleben.

ZECH *jetzt aber richtig unwirsch*: Muß ich mich eigentlich auf diese Weise ausfragen lassen von einem Dreisternekoch in der Uhlandstraße? Ach, jetzt haben Sie mich schon ganz durcheinandergebracht mit Ihrem Dreisternehotel. Ich meine natürlich nicht Dreisternekoch, sondern Dreikäsehoch. Sie sind ein ganz impertinenter Dreikäsehoch.

JUNGE: Ja, verstehe schon, da spricht man nicht gern drüber, über die Einsamkeit, die sich zwangsläufig einstellt, nachdem der Applaus verrauscht ist, und die bohrenden Zweifel. Das war auch ein bißchen eine unzulässige Frage von mir. Aber die Minibar haben Sie bei Gelegenheit schon mal leergefegt, oder?

ZECH: Nein, ich schlafe doch gar nicht im Hotel.

JUNGE: Wo denn bitte schön dann?

ZECH: Ich genieße, wenn ich in Berlin bin, die Gastfreundschaft einer Berufskollegin.

JUNGE: Ich kann's mir schon denken: Sie schlafen bei der Jutta Lampe.

ZECH: Nein.

JUNGE: Na dann bei Edith Clever.

ZECH: Vollkommen falsch.

JUNGE: Bei der Conny Froboess also.

ZECH: Cornelia Froboess wohnt doch in München!

JUNGE: Na, lassen wir das mal lieber. Ich weiß übrigens eh, bei wem Sie wohnen, wenn Sie in Berlin sind. Bei Agnes Windeck!

ZECH: Um Gottes willen. Die ist doch schon lange tot!

JUNGE: Naja, aber die Wohnung wird ja wohl noch existieren. Oder haben sie etwa das Haus abgerissen, gleich nach der Beerdigung?

ZECH: Wieso soll ich denn das Haus abgerissen haben, in dem Agnes Windeck gewohnt hat?

JUNGE: Nee, ich meine jetzt mit «sie» nicht Sie persönlich, sondern die Allgemeinheit, die Gesellschaft, die Menschheit.

ZECH: Ja ich versteh schon, Sie meinen ein Bauunternehmen. Also, ich weiß nicht, ob das Haus, in dem Agnes Windeck gewohnt hat, noch steht. Ich habe nicht viel Kontakt zu Bauunternehmen.

JUNGE: Sie schweifen ab, verehrte Frau Zech. Sie verschweigen mir noch immer, bei wem Sie in Berlin übernachten.

ZECH: Na, wenn Sie mich so löchern: bei der Elisabeth Trissenaar.

JUNGE: Ach, bei der Elisabeth Trissenaar! Gehen Sie dann immer gleich schlafen, oder sitzen Sie noch stundenlang in der gemütlichen Wohnküche und reden darüber, mit welchen Schauspielern die etwas heißeren Szenen am meisten Spaß machen?

ZECH: Ja, das kann schon mal passieren.

JUNGE: Wie hat man sich das vorzustellen? Sitzen Sie beide im Nachthemd am Tisch und knacken die Minibar?

ZECH: Elisabeth Trissenaar hat doch keine Minibar in ihrer Küche! Die hat hölzerne Weinregale.

JUNGE: Ach, so welche, wo die Flaschen drin liegen, ja? Damit der Korken nicht austrocknet, oder?

ZECH *müde*: Ja, so ist das wohl.

JUNGE: Wenn Frau Trissenaar und Sie tagsüber eine Liebesszene nach der andern gedreht haben, tauschen Sie sich später beim Wein auch manchmal über gewisse körperliche Features Ihrer männlichen Filmpartner aus?

ZECH *vulkanisch ausrastend*: Nun kocht mir aber die Lunge über! Verschwinden Sie!

JUNGE: Als öffentliche Person müssen Sie sich aber auch mal kontroversen Fragen stellen!

ZECH: Aber nicht Fragen von einem dahergelaufenen Dreikäsekoch in der Uhlandstraße!

JUNGE: Wir könnten ja rüber in die Knesebeckstraße gehen.

Zech *sich in ein offenbar unabwendbares Schicksal fügend*: Ja gut, zieh'n wir eine Straße weiter. Es ist ja überall schön.

Preisung der grotesken Dame

Nachdem ich mich unlängst so liebäugelnd wie fachsimpelnd zum Thema «Dame» geäußert habe, möchte ich mich heute keineswegs dem «Herrn» zuwenden, sondern schon wieder der Dame, und zwar einer ihrer besten und nachdenkenswertesten Erscheinungsformen: der grotesken Dame.

Vor etwa zehn Jahren konnte man, sofern man sich im zentralen Bereich von Berlin-Charlottenburg aufhielt, einem der letzten, inzwischen aber auch austrocknenden Refugien für auffällige alte Menschen, die optische Bekanntschaft von zwei miteinander konkurrierenden Affenbesitzerinnen machen. Zumindest standen sie in Konkurrenz, was die Aufmerksamkeit der Passanten anbetraf; ob sie einander kannten oder auch nur wahrnahmen, ist keineswegs sicher. Beide waren sehr alt und so umfeldprägend wie kleine wendige Kathedralen. Sie strotzten vor Vergangenheit; einer jeden von ihnen hätte man zugetraut, daß sie früher einmal Thereminspielerin, Ausdruckstänzerin am Hofe Kurt Georg Kiesingers oder Chefin eines als Getreidesuppenausschanks getarnten präfeministischen Orakelbordells in Damaskus gewesen war. Die eine ähnelte jener hageren, zeigestockaufrechten Gräfin, die in der Edgar-Wallace-Verfilmung «Die seltsame Gräfin» von Lil Dagover verkörpert wurde, während die andere mehr dem Typus des glückhaft im Eigenleben versumpften «alten Mädchens» entsprach. Ihren hübschen kleinen Affen fuhr diese in einem liebevoll gepflegten und mit allerlei baumelnden und bimmelnden Schnüren ausstaffierten Kinderwagen umher, wobei sie nicht selten in mürbem Sopran osteuropäisch klingende Lieder sang – in welcher Sprache genau, habe ich nie herausgefunden, weil sie bevorzugt durch die von Zementmischern und Doppeldeckerbussen befahrene Kantstraße ging. Bei der anderen saß der Affe auf der Schulter oder wurde an der Leine geführt, und so unzugänglich beide wirkten, ließen sie es doch geschehen, von Kindern angesprochen zu werden, die Gräfin schmerzhaft lächelnd, das alte Mädchen mit morschem, doch fröhlichem Gekeif. Daß sich die zwei Damen keinerlei Zurückhaltung auferlegten, was den Einsatz dekorativer Kosmetik und schwersten Geschmeides betraf, versteht sich von selbst, aber ein Detail im Erscheinungsbild der seltsamen Gräfin will ich nicht unerwähnt lassen: Ihre Arme steckten sommers wie winters bis weit über die Ellenbeuge hinaus in Etuis aus echtem oder falschem Schlangenleder – ich sage «Etui», könnte aber auch «Futteral» sagen, weil Handschuh für diese Art von Kleidungsstück ein entschieden zu klangloser Ausdruck wäre. Die Schlangenlederstruktur wiederum wurde bemerkenswerterweise überlagert von einem aufgedruckten Giraffenfellmuster, allerdings nicht im natürlichen Ton, sondern in Türkis und Violett, und um das Kunstwerk zu vollenden, waren die Fingerkuppen wie bei manchen Handwerkerhandschuhen ausgespart, so daß man dunkelrote, eleganterweise aber nicht allzu lange Fingernägel aus den Löchern hervorstechen sah.

Ich bin den beiden Damen seit langem nicht begegnet –

sie werden wohl jenen unbeliebten, aber notwendigen natürlichen Prozessen zum Opfer gefallen sein, mittels welcher die Kreisläufe des Organischen immer weiter zu kreisen befähigt werden. So werde ich kaum noch erleben dürfen, was geschieht, wenn die beiden einander begegnen. Ich könnte jedoch schwören, sie würden sich tapfer ignoriert haben, die Mädchenhafte stoisch weitersingend, die andere mit jenem «heroisch gefaßten» Blick, den man Magda Goebbels für den Augenblick zuschrieb, da sie das Zimmer verließ, in welchem sie soeben ihre Kinder vergiftet hatte.

Wo ist der Nachwuchs? Sicher, es gibt da eine herrlich übertrieben soignierte Geschäftsfrau aus der Bleibtreustraße, die mit kegelförmigem Dutt und zwei liebenswürdig hochnäsigen Windhunden durch die Gegend rauscht, als ob sie ständig zum Patentamt rauschte, um sich dort die Wendung «durch die Gegend rauschen» patentieren zu lassen, doch sie ist nicht alt genug. Reicher an Jahren und auch an Gewicht ist da schon eine von mir im Privaten «Vampyria Volumina» genannte urbane Erscheinung, die äußerst unnahbar wirkt, vermutlich, weil sie sonst von jedem Stadtteilbewohner irgendwann einmal mit den Worten angesprochen würde: «Entschuldigung, verehrte Frau Volumina, ich und mein gesamter Bekanntenkreis zerbrechen uns schon seit Jahren den Kopf über die Frage: Wo in aller Welt bekommt man solche Sonnenbrillen?» An sich hätte Vampyria Volumina durchaus Eignung, die stadtbildemporhebende Nachfolge zumindest einer der Affendamen anzutreten, doch haftet ihr ein entscheidender Makel an: Wenn man die Kantstraße hinaufgeht und sie geht die Straße auf der anderen Seite herunter, kann man sie durch all die Zementmischer und Doppeldeckerbusse hindurch – riechen.

Sehr viele Frauen, darunter auch fade, duften dermaßen heftig und teuer, daß es für eine hochqualifizierte Groteskdame Ehre und Verpflichtung sein sollte, dem allgegenwärtigen Narzissendunst auf unseren Straßen nichts hinzuzufügen. Auch die Affendamen rochen nur nach Affe und einem Hauch von Kölnischwasser. Sich, um zu vermeiden, falsch zu riechen, gar nicht zu parfümieren, ist allerdings auch keine Lösung. Das wäre ein Signal der Mutlosigkeit, wie es auch mancher Bücher- und Theaterhase aussendet, der vor lauter Angst, Farben falsch zu kombinieren, sein gesamtes erwachsenes Leben lang Schwarz trägt. Mit irgendwas sollte man sich schon beträufeln. «4711» ist zu empfehlen oder aber der in Halbliterflaschen angebotene Lavendelspiritus der französischen Supermarktmarke «Le petit Marseillais», der an sich zum Besprenkeln von Schrankwäsche gedacht ist.

Um einige Parfüms wird ein sonderbares Gehabe veranstaltet. Beflügelt durch eine Aussage Marilyn Monroes, sie trage im Schlafzimmer nichts als einen Tropfen Chanel Nr. 5, wurde diese Essenzmischung allenthalben zu einem Mythos oder gar Mysterium erklärt. Da ich nie wußte, wie Chanel Nr. 5 genau riecht, habe ich schließlich in einer Parfümerie an einem entsprechenden Flakon geschnuppert. «Ach du Schreck!» rief ich aus, «*das* riecht ja so, wie wenn im Flugzeug eine alte Frau neben einem sitzt!» Kein Wunder, daß Marilyn Monroe von Überempfindlichkeit und Gemütstrübungen heimgesucht wurde, wenn sie als schöne junge Frau in ihrem eigenen Bett wie eine fliegende Oma roch.

Sie hätte vielleicht eine wunderbare groteske alte Dame abgeben können, ähnlich der Bette Davis, die in ihren fotografisch gut dokumentierten letzten Lebensjahren einen eisernen Willen zu glitzern an den Tag legte und die Kosmetik üppig nutzte, aber nicht, um ihre beeindruckende Altershäßlichkeit zu überlisten, sondern um sie zu verstärken. Einem Interviewer, der sie auf die Beschwernisse mehr als reifer Jahre ansprach, fauchte sie einen Satz entgegen, vor dem man in die Knie gehen sollte: «Getting old is not for sissies!», wobei «sissy» in diesem Fall am besten mit Waschlappen zu übersetzen wäre.

Was tun, wenn Warzen kommen? Man kann sie akzeptieren oder vom Hautarzt absägen lassen – beides gute Möglichkeiten. Es gibt noch eine dritte, der man bislang indes kaum je begegnet ist: die Warzen in einer zum Affenhalsband passenden Farbe, also eventuell grün, zu bepudern.

Vereinzelt gibt es Menschen, denen man schon in jungen Jahren ansieht, daß sie einmal ein Talent zur grotesken Person entwickeln werden. Prinzessin Viktoria von Schweden scheint mir so ein Fall zu sein. Der schwedische Hof wird allerdings alles unternehmen, die Entfaltung des Talentes zu erschweren. Man sagt, ein unterdrücktes Talent vergifte die Seele. Hoffentlich wird Prinzessin Viktoria nicht daran zerbrechen, daß man schon jetzt alles daransetzt, sie in fünfzig Jahren keinen Kinderwagen voll schreiender Affen durch die Stockholmer City schieben zu lassen. In näherer Zukunft sollte sie ohnehin nicht in

Erwägung ziehen, auf diese Weise in Erscheinung zu treten. Die Jugend ist rosig, ihr schönes Haar soll sich im Winde biegen. Das Groteske ist ihr weder angemessen noch dienlich. Zwar werden Teile der Jugend immer wieder von rockmusikgestützten Verkleidungsepidemien befallen, und wenn es ihnen eine Zeitlang Spaß macht, sich als unbezahlte Statisten der Popkulturindustrien zu verdingen, sollte ihnen niemand dreinreden. Die Klügeren werden von sich aus bald Überdruß spüren. Daß «Visual kei», die besonders theatralische Jugendvermummungsmode aus Japan, deren hierzulande bekannteste Vertreter die Gothic Lolitas sind, nicht in größerem Umfang in Europa Fuß fassen wird, kann man einerseits fürchten, denn lustig wär's schon, andererseits jedoch hoffen, denn das stieße ja den stärksten Eskimo vom Schlitten. Die europäische Jugend wird wahrscheinlich einfach nicht genügend Geld für diese Mode haben, aber als längerfristigen Folgeeffekt von «Visual kei» erwarte ich, daß auch bei uns in den nächsten zehn bis fünfzehn Jahren die gepuderte Gesellschaftsperücke für Männer wieder in Gebrauch kommt. Nach zweihundertzehn Jahren Pause wäre das auch dringend fällig.

Die an «Visual kei» Beteiligten geben übrigens ganz unumwunden zu, daß es ihr einziges Ziel ist, aufzufallen, um sich von der Masse abzuheben. Ich wiederhole an dieser Stelle gern meine Feststellung, daß einen solchen Wunsch nur derjenige empfinden kann, der der Masse *angehört*. Die echten Grotesken tun das an keinem Punkt ihres Lebens, ihre Auffälligkeit ist nichts wunschgemäß Herbeifabriziertes, sondern ergibt sich aus ihrer ureigenen Natur.

Das Leben hat die Forderung an sie gestellt, grotesk zu sein, und sie stellen sich ihr mit eherner Disziplin. Sie teilen das Schicksal all derer, die mit einer unverdrängbaren Begabung belastet sind. Unerbittlich graziös nehmen sie die Nachteile ihrer Lebensform auf sich, das Ausgelachtwerden durch die Dumpfen ebenso wie die Mühen, die für die Takelage notwendig sind. Nicht alle haben Geld. Mit einem kreischenden Tier auf der Schulter in einem Laden «ein Landbrot und zwei mittelgroße Eier» zu verlangen, um nach einem Blick ins Portemonnaie die Frage nachzuschicken: «Hätten Sie vielleicht auch ein Landbrot von gestern und nur ein Ei, und zwar ein kleines?», erfordert mehr Lebenskraft und Stolz, als das gleiche ohne ein Tier auf der Schulter zu tun. Unter Schmerzen toupieren sie ihr Haar, mit zitternder Hand kleben sie sich falsche Wimpern auf die Lider oder zwängen geschwollene Füße in flamboyantes Schuhwerk, und niemand versteht, warum sie das tun, und wie soll man ihre Haltung, mit der sie all das Unverständnis hinzunehmen bereit sind, anders nennen als Majestät? Man sollte sie nicht nur achten wie andere alte Leute, sondern obendrein verehren. Sie zählen zu den großen Helden unserer Städte.

VL (Die Schöpfung hatte gerade erst begonnen)

Gute Dinge passieren alle fünf Jahre: Alle fünf Jahre müssen Wohnungsmieter in Wohn- und Schlafräumen Schönheitsreparaturen vornehmen, die Bundesversammlung tritt zusammen und wählt unser Staatsoberhaupt, und alle fünf Jahre bekommt Vicky Leandros von einem deutschen Stadtstaat das Angebot, dort Kultursenatorin zu werden, was sie höflich ablehnt mit dem Hinweis, in Griechenland würden ihr auch andauernd solche Ämter angetragen. Im alten Rom nannte man den Fünfjahresabstand Lustrum, und in akademischen Kreisen, besonders in niederländischen, hält man an der Tradition der Lustra fest. Die Universität Leiden hat 2005 ihr 86. Lustrum gefeiert, d. h., sie bestand seit 430 Jahren. Schön wäre es, wenn sich auch andere Veranstaltungen wie private Geburtstage, Weihnachten, das Schanzengespringe an Neujahr oder die Berliner Sexual- und Lebensfreudemärsche mit dem Fünfjahrestakt anfreundeten – man würde sich viel mehr auf sie freuen.

Um 1970 herum habe ich, noch ein kleines, aber wesentliches Stück entfernt von Pubertät und sexueller Festlegung, eine Zeitlang sehr mit Vicky Leandros geliebäugelt. Es ging ein hervorstechendes internationales Flair von ihr aus, ihr exzessiver Sinn für Mode nahm auch von dramatischen Folkloretoiletten nicht Abstand; an ihr war einfach alles dran, was eine Frau damals begehrenswert machte: Ketten, ja Schichten von Ketten, bierfilzgroße

Kreolen, Lederschnüre mit unpolierten Holzkugeln, Rüschen, Bordüren, Raschelsäume, Sonnenbrillen, Tücher und Gürtel mit bodenlangen Fransen – und an jedem Finger ein Ring, an der mikrophonführenden Hand gar deren zwei pro Finger, der eine an konventioneller Stelle unterhalb des unteren Fingerknöchels, der zusätzliche zwischen beiden Knöcheln. Diese beiden Ringe wiederum waren durch bezaubernd närrische Kettchen miteinander verbunden. Derart ausstaffiert, wirkte sie ungewöhnlicherweise nicht lächerlich, sondern immer urban verfeinert. Der gute Künstler geht auch im Überarrangement nicht verloren.

Zu den sekundären Schüleridolen jener Jahre zählten übrigens die meist jungen Leute, die in belebten Straßen selbstgefertigten oder wohl eher vermeintlich selbstgefertigten Modeschmuck, auf dunkelblauem Samt drapiert, zum Verkauf anboten. Da sie im Gegensatz zu den Pflastermalern, die häufig in ihrer Nähe tätig waren, bei ihrer Arbeit nicht knien mußten, ging von ihnen eine beneidenswerte Aura von Freiheit und Unabhängigkeit aus, so daß man sich als Zwölfjähriger durchaus vorstellen konnte, einmal in ihre Fußstapfen zu treten, um, rauchend und Fanta trinkend, auf Europas großen Boulevards progressiv gelaunten Nichtstuern solch schönen Tand anzuhängen. So kam es vor, daß ich mich stundenlang in der Nähe ihrer Stände herumdrückte – tolle Bongotrommler waren schließlich auch immer zugegen –, um mir ein paar handwerkliche Kniffe abzuschauen. Es geschah dies nicht zuletzt auch in der Hoffnung, dort von Lehrern gesehen zu werden, denn in deren Augen waren die Schmuckdealer neben den K-Gruppen und den «Haschbrüdern» das Verworfenste, dem sich eine Kinderseele ausliefern konnte.

Eines Tages kaufte ich mir einige Meter Silberdraht und begann mit Hilfe einer Rundzange daraus Schnekken zu drehen, die ich im Werkraum heimlich mit einem allerdings sehr schlecht dosierbarem Hartkleber auf Ring-Rohlinge klebte. Bald hatte ich gut und gern zehn Drahtschneckenringe, von denen die meisten den kleinen Mangel aufwiesen, daß unter den Schnecken unschöne Batzen des hartgewordenen Hartklebers hervorquollen, was mich nicht daran hinderte, mir auszumalen, wie Vicky Leandros bei ihrem nächsten glanzvollen Fernsehauftritt meine Drahtschneckenringe trüge. Ich hätte sie ihr gern geschickt, doch wußte ich nicht, wo sie wohnte, bzw. stellte mir vor, diese weltweit und mindestens siebensprachig operierende Neunzehnjährige müßte eigentlich überall wohnen: Appartement in Paris, Appartamento in Rom, Hamburg-Pöseldorf und Berlin, Bleibtreustraße, natürlich sowieso.

Um die Erzählung mit einem kontrastierenden Nebenschauplatz zu veredeln, wollen wir zur Abwechslung mal einen Blick in Katja Ebsteins Küche von vor 35 Jahren werfen. Katja Ebstein war auch nicht übel, hatte auch die eine oder andere Franse oder gigantische Gürtelschnalle am Leib, aber nicht so viele wie Vicky Leandros. Sie legte statt dessen Wert darauf, sich als eine «politisch engagierte» Künstlerin bemerkbar zu machen, als eine, die sich einmischt, «zu Wort meldet», wie man es noch heute von Günter Grass kennt.

Nächtelang mit Freunden in der Küche sitzen und diskutieren: das war ihr Credo, ihr dickes Ding, that made her «tick». «Ich mache noch eine Flasche auf, ja?» Vor dem Hause regt und räkelt sich schon die Stadt im Morgendunst. «Haben wir uns wieder mal festgequatscht!» Draußen bellt ein Hund. Die Sängerin öffnet das Fenster, sieht aber keinen Hund, und damit sie das Fenster nicht umsonst geöffnet hat, ruft sie engagiert «Die Ost-Verträge sind sehr gut» in das erwachende Häusermeer. «Diese Frau ist mitreißend!» sagen die anderen Leute in der Küche. Obwohl die Szene ein reines Phantasieprodukt ist, kann ich nicht genau erkennen, ob Günter Grass zugegen ist. Es ist alles so verschwommen. Brauche ich etwa eine Brille? Es könnte aber gut sein, daß er da ist, denn zu Beginn der siebziger Jahre lebte er noch in Berlin, und Katja Ebstein doch wohl ganz bestimmt auch. Die werden manch einen Humpen gemeinsam durch die Nacht getragen haben. «Wo hat sie bloß diese Energie her?» fragen sich alle. Jetzt allerdings fragt eine Freundin: «Möönsch, Katja, wo hast du eigentlich diese riesige Nudelsalatschüssel her?»

«Vom Flohmarkt am Klausener Platz.»

«Meinst du, da gibt's noch mehr von?»

«Nee, ich glaub, ich hab die letzte gekauft! Aber die gleiche in kleiner gab es noch.»

«Nee, Katja, ich glaube, ich möchte auch so eine große wie du!»

«Da sind aber keine mehr von da-ha! Ich schlag dir vor, du kaufst drei, vier von den kleineren. Das kann auch niedlich aussehen auf 'ner Fete.»

«Aber soviel Platz hat doch kein Mensch im Kühlschrank!»

«Ja, meinst du etwa, die große paßt in den Kühlschrank rein? Da bist du aber ganz gewaltig auf dem Holzweg!»

«Wenn du die Wurst- und Käsedosen nach oben zu den Marmeladen stellst, dann würde die Nudelsalatschüssel, glaube ich, schon in das untere Fach passen.»

«Mensch, das ist eine Superidee. Was hältst du davon, wenn wir das einfach mal ausprobieren?»

«Jetzt, mitten in der Nacht? Du bist ein ganz schön verrücktes Huhn!»

Da mischt sich ein Mann mit einem Bundeswehrpullover ein: «Mööönsch, Katja, zeig den Sozis doch mal, was 'ne Harke ist», doch schon rutscht ihm das Kinn auf die Brust. Erst jetzt fällt auf, daß niemand den Mann näher kennt.

«Egal, in meiner Küche darf jeder sitzen, der mitdiskutieren will!» ruft Katja.

Es wird gemunkelt, er repariert gegenüber Fahrräder.

Ganz anders die Vicky Leandros von 1970: Dachappartement voller dänischer Kunststoffelemente, hoch über der Rue Mamouche – eine wunderbar flohmarktnahe Adresse. Von Verner Panton eine lila Uterus-Couch zum Reinkriechen. Man konnte zwar, nachdem man reingekrochen ist, den Fernseher nicht mehr sehen, aber man hatte ja auch kaum Programme zur Auswahl. Frankreich 1, Frankreich 2, Frankreich 3, nehme ich an. Vielleicht Frankreich 4, wenn's hoch kommt. Dazu vermutlich Belgien und ein Programm aus Genf, aber was hätten diese Sender in jenen Jahren schon groß zeigen können? Es gab doch noch fast nichts. Die Schöpfung hatte gerade erst begonnen. Kleiderbügel mit den Gesichtern der

Beatles erschienen auf der Bildfläche und ein Zwiebelzerhacker namens Zick-Zick-Zyllis, den Vicky Leandros natürlich auch besaß. Sie hatte immer das Allerneueste, und nicht nur am Leib. Jeden Morgen trat sie ans Fenster und sah die Schöpfung sich entfalten, worauf sie gutinformiert einkaufen gehen konnte, und der Zwiebelzerhacker war tatsächlich von erlesener Güte. Ich würde mich nicht wundern, wenn Vicky Leandros sogar eine exklusive Deluxe-Sonderedition dieses renommierten Zerhackers besessen haben sollte, mit eingraviertem Monogramm. Sie wird sich allerdings kaum noch daran erinnern, hat sie doch damals ein Leben auf der Überholspur geführt, in dem es ständig zu knallenden Innovationen kam, hoch über den Dächern von Paris, Berlin, der ganzen Welt, und überall war Musik, leise und oftmals arg laute, da war süßer und manchmal auch trockener Wein, und Liebe in all ihrer Buntheit erschien, um bald zu verschwinden und bald zu verweilen.

So rasant und ätherisch indes sich ihr damaliges Leben nach außen hin darstellen mochte, hat sie doch immer auch etwas mit den Händen gemacht. Nicht, daß sie nun gleich tischlerte oder Zuckerrohr schlug. Aber sie war neben Julio Iglesias der einzige Künstler der populären Musik, der sich einer ausgefeilten Handchoreographie rühmen konnte, und hat jenes uralte Sängerproblem – was mach ich mit den Händen? – perfekt gelöst, indem sie beim Singen die Schraubgewinde von Korkenziehern vor ihrem Gesicht gestisch darstellte oder verwehendes Laub, welkende Lilien oder auch nur welkende Linien. Hin und wieder sah es aus, als ob sie sich durch Spinnwebvorhänge in unbekannte Räume vorkämpfen mußte – warum nicht mal in die Räume einer Kulturverwaltung? Es gibt noch einen dritten Stadtstaat, der anfragen könnte: Bremen. Dort sollte sie ebenfalls nein sagen. Schließlich müßte sie dort Ausstellungen mit Bildern der Künstlerkolonie Worpswede eröffnen – Bilder von Mooren und Sümpfen, von Tran und von Torf! – das ist doch nichts für Vicky Leandros. Berlin und Hamburg würden sich über die längst nicht mehr so accessoirebeladene, noch immer aber sympathische und für allerlei geeignete Dame um so mehr freuen. Vielleicht sollte man sie nach Verstreichen des nächsten Lustrums nicht fragen, sondern zur Übernahme eines staatlichen Amtes zwingen, indem man sagt, daß andernfalls das öffentliche Augenmerk auf ein penibel gehütetes Geheimnis gelenkt werden würde. Irgend etwas wird schließlich auch bei ihr zu finden sein. Wenn nicht, muß man sich eben eine Verleumdung ausdenken, die so grauenvoll ist, daß sie ihr selbst als entlarvte Lüge noch schaden würde. Dann sagt sie endlich ja, und die Welt wälzt sich im Glück.

Die Stabilität der Tomatenschelte

Sie wärmt im Winter und kühlt im Sommer – Bekleidung aus Leinen soll äußerst vorteilhaft sein, auch im Sinne der Kritikabwehr. Wenn jemand sagt: «Ihr Anzug ist ja ganz zerknittert!», sagt man eben: «Darf er auch, muß er sogar sein, ist schließlich Knitterleinen!» Bei einem Schriftsteller mit Gewichtsschwankungen allerdings, der im Schweiße seines Höchstgewichtes einmal an einer hochsommerlichen Kollegenbeerdigung teilnahm, saß das schwarze Hemd so eng, daß sich die speziellen Eigenschaften des Stoffes in der Überdehnung verloren. Das Leinen wurde durch die verfettungsbedingte Anspannung vollständig entknittert. Es wurde darüber in der Trauergemeinde getuschelt, was der Pietät abträglich war.

Wie ich neulich vor einer jener im West-Berliner Stadtzentrum recht zahlreichen kleinen Boutiquen stand, die Mode für bildungsnahe ältere Menschen anbieten, namentlich Anzüge aus Leinen, entschied ich daher, mich bezüglich dieses Looks noch einige Jahrzehnte aufzusparen. Zugleich wunderte ich mich darüber, daß einige denkwürdige Jubiläen von den Medien einfach verschlafen werden. Als vor etlichen Jahren «30 Jahre Schlabberlook» zu feiern gewesen wäre, war es allein Tex Rubinowitz, der, wenn auch nur in kleinem Rahmen, darauf hingewiesen hat. Möglicherweise ist auch jetzt nicht der richtige Zeitpunkt, den Geburtstag nachzufeiern, leidet doch der Schlabberlook schon seit längerem an Ausmergelungserscheinungen in Form einer vielbeklagten Eingewurstetheit insbesondere der jungen Mädchen. Man sprach sogar schon von einer Wampenwanderung, worunter eine physisch-anthropologische Schwestererscheinung dessen, was Dünen tun, zu verstehen sein mag, und in der Tat: In meiner Kinderzeit waren es noch die Bauarbeiter, die mit herrlichen Bäuchen gesegnet waren, heute dagegen sind die Maurer überwiegend rank und stählern, doch sind ihre Wampen nicht verlorengegangen, sondern standhaft in der Welt geblieben – man weiß nicht genau, wie: Entweder gerieten sie mit Hilfe der gezeitenlenkenden Kräfte des Mondes oder aber durch simplere Verschiebungen sozialer Natur in Reiselust und landeten auf den Vorderseiten von Mädchen. Wenn wir dereinst im Totenhain erzählen, wir hätten in einer Welt gelebt, in der die alten Männer hübscher anzusehen waren als die jungen Mädchen, wird einem das wieder einmal keine Seele glauben, und doch ist es die nackte Wahrheit. Man wird an jenem fernen Tage allerdings nicht versäumen dürfen, in diesem Zusammenhang auf die extrem würdezehrende proletarische Mädchenmode unserer Tage zu verweisen, und überhaupt: Volksverfettung als Politikum ist ein richtig wichtiges Riesenthema, bei dem das Individuum freilich nicht angegangen werden darf, vielmehr unter den Schutz eines allgemeinen diskreten Anstands gestellt werden muß. Unter Abgestorbenen wird man's vielleicht eher begreifen als unter uns kleinlichen Lebendwesen: Dicke Leute sind nicht häßlich! Dicke Leute sind wie verschneite Fahrräder! Man muß nur den Schnee wegpusten oder abbürsten, und schon hat man wieder ein herrlich schlankes Fahrrad, mit dem sich's erster Klasse durch die Landschaft rauschen läßt.

Ein Einwand ist zu hören: «Ein Fahrrad verrostet, wenn es zu lange eingeschneit ist!» «Na und?», erwidere ich, «dann muß man's halt ölen!»

Das Einwenden schreitet voran: «Wenn man, um bei Ihrem Sinnbild zu bleiben, einem eingerosteten Menschen ausgerechnet Öl zuführt, wird er ja zunächst erst einmal wieder dick!» Mannesstark weise ich die Einwände von mir: «Schluß damit jetzt! Man kann schließlich jeden poetischen Vergleich zugrunde richten, indem man ihn konsequent zu Ende kontempliert! Dicke Leute sind Fahrräder, und damit basta!»

Ich möchte mich noch einem anderen ungewürdigten Jubiläum zuwenden, nämlich «30 Jahre Tomatenkritik». Die gute alte Käthe Strobel war noch Bundesfamilienministerin und Dr. Lauritz Lauritzen für den damals noch ungemein rußigen Verkehr zuständig, als ich zum ersten Mal hörte, daß die Tomaten nicht mehr schmecken. Leider kann ich den Vorfall nicht genauer datieren, aber das ist normal. Kein Mensch kann sagen, an welchem Tag er sein erstes Stück Schwarzwälder Kirschtorte gegessen oder wann er zum allererstenmal masturbiert hat, und zwar fachgerecht, also so, daß, «holla, wie wird mir?», was herausquoll aus dem spargelbleichen Hänflingskörper. Solche Sachen notiert eigenartigerweise niemand – keiner weiß den Premierentag all jener wichtigen Dinge, die man häufig und allein tut, während sich jeder des Datums erinnert, an dem er das erste Mal eine andere Person geheiratet hat, obwohl man doch im Leben viel weniger

Zeit mit Eheschließungen verbringt als mit Masturbation oder Abneigungserklärungen gegen Tomaten. Es ist immer wieder seltsam, dieses menschliche Gedächtnis.

Was das erste ertragreiche Masturbieren angeht, weiß ich allerdings noch, sofern hier die eigene Lebensreise anzusprechen partout nicht vermieden werden soll, daß ich nicht lag und nicht stand. Ich saß. Und ich weiß noch, wo der Stuhl stand, in dem ich saß. Mit dem Rücken zum gardinenverhangenen Fenster. Zwanzig Meter dahinter ein dreistöckiger Wohnblock, der genauso aussah wie der, in welchem ich, Hose auf den Fersen, saß und guckte, was mit mir passierte. «Volksheimstätte» hieß die Körperschaft, die derlei Mist vermietete. Was aber war das genau für ein Stuhl? Gosh, Blimey! Ich habe vergessen, in was für einem Möbel lümmelnd ich erfuhr, daß mein Körper trotz noch vogelheller Stimme dem Erdball theoretisch damit zu dienen in der Lage wäre, Besseres zu erzeugen als das, was dumpf und nieder auf ihm herumkrauchte, Tapferes verleumdete und Dicke beschimpfte! Ich könnte in ein Wohnkulturmuseum gehen und versuchen, mich zu erinnern, in Begleitung eines alten Kapitäns und Imperators, der mich mit stark beringter Hand von hinten am Nacken packen, meinen Kopf auf die Sitzfläche irgendeines verdammten Stuhls beugen und sagen würde: «So ein Stuhl war's gewesen, du gedächtnislahmes Würstchen!»

Fragt sich bloß, was ich an Gutem davon hätte, ganz zu schweigen vom Rest der Menschheit. Wenden wir uns mithin lieber wieder der Tomatenkritik zu, deren Langlebigkeit ungewöhnlich und bemerkenswert ist. Normalerweise machen sich nämlich diejenigen, die der Menschheit etwas aufdrängen wollen, eine für Gesellschaften mit freier Meinungsäußerung typische Mechanik zunutze, die bewirkt, daß das Publikum nach einiger Zeit des Lamentos überdrüssig wird wie einer Pop-Melodie und selbst die gerechtfertigtste Kritik für störender hält als den getadelten Gegenstand. Der Feminismus ist auf diese Weise, allerdings vermutlich nur vorübergehend, ausgestorben, und man müßte heute in ein Museum getilgter menschlicher Phänotypen gehen oder gar in eine der letzthin so beliebt gewordenen Leichenausstellungen, um noch jemanden zu treffen, der sich gegen den Gebrauch von Mobiltelefonen im ÖPNV äußert. Zuletzt sah man der Debatte um die Rechtschreibreform aus Dauerwiederholungsgründen die Luft ausgehen wie einem indischen Ballonbrot. Öffentliche Streitigkeiten erledigen sich eben nach dem Motto: «Wenn wir die ungeliebte Sache schon nicht zum Verschwinden kriegen, dann soll wenigstens die Kritik daran verstummen.»

Allein das Tomatengemecker blieb wacker und agil. Rotwangig und mitteilungsfreudig sitzt es auf den Lippen der Verbraucher, und fragte man Dönerverkäufer nach einem typischen Satz aus ihrem Berufsleben, würde mancher zweifelsohne antworten: «Ohne Tomaten bitte.» Tomaten ähneln hier den Rosinen. Die Redewendung, jemand würde sich aus irgend etwas die Rosinen herauspicken, ist mittlerweile obsolet, es sei denn, man fügte hinzu: um sie wegzuwerfen. Beim Studentenfutter bleiben sie in aller Regel übrig, weshalb es jetzt welches gibt, auf dessen Tüte groß geschrieben steht: «Ohne Rosinen!» Alfred Biolek erklärte in seiner Kochsendung sogar, daß er Rosinen zerhacken müsse, sonst würden seine Gäste sie mit den Fingern aus der Bratensauce klauben, was ich gern einmal mit einer Nasenlochkamera heimlich verewigen würde. Noch während der Olympischen Spiele in Berlin 1936 soll man hingegen «Frauen rumgekriegt» haben, indem man ihnen in der Straßenbahn Rosinen anbot. Das hat mir ein besuchsweise zurückgekehrter alter Palästina-Emigrant einmal wortwörtlich so erzählt, und seine Ehefrau sagte: «Das stimmt», wobei sie ihrem Mann anerkennend über die Schulter strich.

Die Stabilität der Tomatenschelte ist um so erstaunlicher, als es heute nicht wenige Leute gibt, die aufgrund ihrer Jugend noch nie eine wohlschmeckende Tomate verzehrt haben dürften und sich daher von Wochenmarkthändlern den Bären aufbinden lassen, daß die Tomaten sich «erholt» hätten, daß sie geschmacklich wieder «gingen» oder daß man einfach nur besonders kleine, ovale oder mit Rispengrün versehene nehmen müsse, und schon sei man gut bedient. Es ist eben immer das gleiche: Wer wegen der ärmlichen Medienlandschaft nie Gelegenheit hatte, gute Soul-Sänger zu hören, der wird nichts Anstößiges daran finden, wenn im Fernsehen bemitleidenswerten deutschen Vorstadtjugendlichen, die auf eine Weise, die man nur als hartnäckig, verbissen oder eisern bezeichnen kann, auswendig gelernte Blues- und Gospelphrasierungen herunterexerzieren wie eine unverstandene Schiller-Ballade, attestiert wird, sie hätten «wahnsinnige Soul-Stimmen». Wer das Original nicht kennt, vermißt nichts an der Kopie. Trotzdem ist die Zahl derer, die sich nicht mit der Tomatenmisere arrangiert haben, sondern sagen: «Nur im August, sonst aus der Dose oder getrocknet!», bemerkenswert hoch.

Mitunter hatte ich mich schon gefragt, ob die Auffassung, daß Tomaten früher wohlschmeckend waren, nicht bloß eine gutgepflegte nostalgische Volkslegende sein könnte, bis ich im Spätsommer 1987 begann, regelmäßig den damals noch in düsterer Gelähmtheit liegenden Ostteil Berlins aufzusuchen. An einer lauten Kreuzung in Prenzlauer Berg stand ein privater Tomatenverkäufer. Schon allein, um meinen Zwangsumtausch von 25 Mark abzubauen, kaufte ich ihm ein Kilo ab, stach meine Zähne in eine der Früchte, und wäre das gefilmt worden, hätte ein mit der Ausgestaltung dieser Szene beauftragter Filmkomponist schon den Himmelsgesandtinnenchor aus Zarah Leanders «Ich weiß, es wird einmal ein Wunder gescheh'n» aus dem Altersheim entführen müssen, um meinen Empfindungen sinngerecht Ausdruck zu verleihen. Ich stand auf offener Straße, inmitten scheppernden sozialistischen Gestanks, und verschlang binnen einer Viertelstunde ein ganzes Kilo Tomaten. Ein ähnliches, ebenfalls von sphärischen Gesangsensembles ummaltes Erlebnis hatte ich wenig später in Neuruppin mit Brötchen. Daß ich meine beiden erinnerungswürdigsten Gaumenfreuden ausgerechnet in der von gastronomischer Verwahrlosung gezeichneten DDR hatte, ist übrigens eine hundsnormale «Ironie der Geschichte».

Zu trinken gab es Höllisches: Bei meinen in den letzten Jahren vor dem Mauerfall häufigen Besuchen in «Berlin Ost» besuchte ich, was ich als leicht subversiv und nervlich durchaus prickelnd empfand, diverse Leute in privaten Wohnungen. Musiker- und Literatenboheme in ganz besonders engen Hosen. Nicht anders als «in der Freiheit» bot man Kaffee an. Zu meinem großen Mauloffenstehen tat man jedoch einfach Kaffeepulver in die Tassen und goß Wasser darauf. Dennoch handelte es sich nicht um Einrührkaffee – das ist das selten gehörte deutsche Wort für Instant Coffee –, sondern um Filterkaffeepulver, so daß der nur sechs Kilometer entfernt wohnhafte, fasziniert fremdelnde Gast sich mit einem unangenehm knusprigen Brei konfrontiert sah. Cowboys sollen ihren Kaffee auf ganz ähnliche Weise trinken, da sie in ihren Satteltaschen keinen Platz für Filtertüten haben, was meines Erachtens allein eine Frage des klugen Packens ist. Meine Gastgeber indes sprachen von «türkischem Kaffee», und um ihn noch türkischer zu machen, wurde er mit erheblichen Quanten Obstschnapses aufgegossen, den dort und damals jedermann in bisweilen blubbernd aufstoßenden, neben dem Bett oder unter dem Schreibtisch befindlichen Ballonflaschen selbst erzeugte. Als ich sagte, im Westen der Stadt würden jüngere Menschen urban-hedonistischer Milieuzugehörigkeit nicht nachmittags um drei Spirituosen trinken, fragte man mich: «Wieso denn nicht?»

Noch größeres Staunen rief ich allerdings hervor, als ich erzählte, daß Fotoabzüge in Schwarzweiß im Westen teurer seien als farbige. Das fand man irre und vollkommen paradox.

Was mich selbst am meisten verblüffte, war dagegen das unermüdliche Händeschütteln. Auch Zwanzigjährige gaben einander die Hand, und zwar auf ganz klassische Art, wie ich es nur noch aus alten Spielfilmen mit Rudolf

Prack und Sonja Ziemann kannte: «Guten Tag, Herr Professor Berger, darf ich Ihnen meinen Bruder, den Nervenarzt Clemens Sartorius, vorstellen?» Manchmal geschah es, daß man abends auf eine Party kam, bei der dreißig blutjunge Spunde und Tanten zu Gast waren, die nichts als Punk und Pils und Staatsverdruß im Kopf hatten, und jedem einzelnen ausführlich die Hand schütteln mußte. Ich fand das nicht schlecht. «Bei uns» hätte man doch zu hören bekommen: «Würdest du bitte deine Fäkalbakterien an deinen Hosenbeinen und nicht an meinem Handteller abwischen!»

Selbsterdachte, trotzdem aber ganz korrekt arbeitende Wissenschaftler haben übrigens herausgefunden, daß Touch-Screen-Monitore mehr zur Verbreitung von Fäkalbakterien beitragen als alle Ratten, Küchenschaben und Hoteltelefone zusammen. Am Bahnhof Zoo sah ich neulich eine Dame, die den Berührungsmonitor eines U-Bahn-Fahrkartenautomaten mit einem «Hakle feucht» abwischte. Ich habe sie nicht angefaucht oder hinterrücks gepeitscht, sondern bin ohne jedes Trara weitergegangen.

Tropfen, Klingeln und die üble Weiterleiterei

Konfrontiert mit der Frage, bei welcher Art von Tätigkeit ein klingelndes Telefon am verläßlichsten stört, wären die meisten Menschen um eine rasche Antwort wohl nicht verlegen: beim Braten von Minutensteaks, bei der Erledigung von körperlichen Triebesdingen oder wenn man sich nach langem Wenn und Aber endlich entschlossen hat, seinem Kind eine über Jahre verschleierte Wahrheit zu offenbaren, z. B. jene, daß es adoptiert ist. Es sind dies alles wacker und solide konstruierte Möglichkeiten. Doch weitaus schlimmer ist's, es klingelt, während man Hustentropfen abzählt.

Wir sind auf einer dienstlichen Reise – Hotel Krone, Hotel Goldenes Lamm, Hotel whatever –, haben aus dem Frühstücksraum einen Kaffeelöffel mitgehen lassen und amüsieren uns darüber, wie nervös einen so ein kleiner Diebstahl machen kann, wenn man aus der Übung ist – sind wir doch in der Jugend mit großformatigen Langspielplatten unterm Parka erhobenen Hauptes aus Musikgeschäften rausgeschritten. Gehen wir mal davon aus, daß wir nicht zu den vermutlich ganz vernünftigen Leuten zählen, die sich das Medikament direkt in den Rachen träufeln, und ebensowenig zu denen, die, gleichfalls wohl nicht ohne Fug und Recht, der Ansicht sind, es sei eigentlich egal, ob man nun 37 oder 51 Tropfen zu sich nimmt. Also beharren wir auf exakter Dosierung und den aus Mutters strenger Hand vertrauten Löffel. Wir nehmen auf der Bettkante Platz und versuchen, uns auf die anstehende Konzentrationsherausforderung geistig vorzubereiten. Als Mann muß man zusätzlich darauf achten, wenigstens eine Unterhose zu tragen, denn durch den Druck des Körpergewichts kann sich der Spalt zwischen Matratze und Bettkasten so sehr vergrößern, daß Wichtiges in ihn hineinbaumelt und, sobald die Matratze beim Aufstehen in ihre ursprüngliche Position zurückschnellt, eingeklemmt wird. Die Videobeamer und Dia-Projektoren auf Urologenkongressen kommen bekanntlich kaum zur Ruhe angesichts all des dringend zu zeigenden schwarzblauen Ungemachs, das durch nacktes Sitzen auf Kastenbetten angerichtet wird. Doch will ich nicht den Teufel an die Wand malen: Noch husten wir ja lediglich. Genau 40 Tropfen sind es, die diesen Umstand lindern sollen. Wir schrauben das Fläschchen auf und bringen den Löffel in Stellung, wobei die Hand leicht zittern mag, da uns die mit dem Diebstahl verbundene Aufregung noch in den Knochen sitzt; schließlich ist es keine 300 Jahre her, daß in Berlin die letzte Dienstmagd wegen Löffeldiebstahls hingerichtet wurde. Das Tropfenzählen soll beginnen. Wir erinnern uns kindlicher Abzählhilfen: Ein Toter und zwei Kranke gehen mit drei Leichen und vier Schwerverletzten zum Sechstagerennen, aber derlei morbide Abzählhilfen bringen einen ja um jegliche Genesungsvorfreude! Außerdem fehlt darin die Fünf! Was allerdings nicht wundert, gilt sie doch unter den Autoren numerologischer Ratgeber als von Unglück behaftet. Am fünften Tag der Woche soll man, zumindest nach babylonischer Auffassung, keine Reise antreten und kein Weib nehmen und natürlich, das sei außerhalb alttestamentarischer oder kabbalistischer Zahlenmystik ganz privat hinzugefügt, erst recht nicht mit Toten und Versehrten zu Radsportveranstaltungen gehen. Probieren wir's also lieber mit normalem Zählen. Sieben, acht, neun. Sehr schön! Klappt doch! Zehn, elf, zwölf. Wie am Schnürchen sogar! Dreizehn. Vierzehn. Zwischen Tropfen 14 und Tropfen 15 beginnt das Telefon zu klingeln. Das Hirn hat nun in kurzer Zeit entsetzlich viel zu überlegen.

Es überlegt: «Wenn man etwas zählt und dabei von einer Sache überrascht wird, die ebenfalls von numerischem Interesse ist, muß man stark sein. Zwar wäre es für sich genommen richtig, die Anzahl der Läutevorgänge zu registrieren, weil man ja weiß, daß ein durchschnittlicher Anrufer nach neun Klingelzeichen wieder auflegt, aber das würde mich aus dem Tropfentakt bringen. Schließlich kennt man ähnliche Situationen: Wenn ein illegaler Ziegenhirte seine illegalen Ziegen zählt und sein Gelände dabei unerwartet von einer Polizeieinheit gestürmt wird, wird er automatisch den Versuch unternehmen, die Anzahl der Polizisten zu bestimmen, um abwägen zu können, wie brenzlig seine Situation ist. Mit dem Ziegenzählen kann der arme Mann hinterher noch einmal von vorn anfangen! Vorausgesetzt, die Polizisten haben sie nicht mitgenommen.» Zur gleichen Zeit denkt das Hirn aber auch folgendes: «Möglicherweise klingelt da nur wie neulich schon die Dame vom House Keeping, die mich fragen möchte, ob ich das ‹Do not disturb›-Schild absichtlich oder versehentlich am Türknauf angebracht habe. Falls versehentlich, würde sie nämlich gleich bei mir klopfen, um mich zu fragen, ob sie das Bett für die Nacht herrichten soll.» Das Hirn denkt auch: «Die Auffangkelle eines Löffels oder, fachsprachlich korrekter ausgedrückt, seine Laffe, ist, zumindest wenn er liegt, nach hinten abschüssig. Es wäre also unklug, ihn zwecks Entgegennahme des Telefonats halbvoll auf dem Nachttisch abzulegen, denn wenn ich hier so ein Sirupgeschmiere veranstalte, muß ich dem Zimmermädchen morgen ein Trinkgeld auf dem Schreibtisch hinterlassen, und *will* ich das denn? Trinkgeld gibt man doch nur aus Angst vor grantigen Reaktionen des Dienstleistenden, und ob das Zimmermädchen dankbar oder unzufrieden mein Zimmer reinigt, bekomme ich ja eh nicht mit. Ich werde schon fort sein, wenn es kommt. Daß man das Trinkgeld in Deutschland noch immer nicht abgeschafft hat, ist ohnedies ein zivilisatorischer Makel. Es scheint mir sogar unrepublikanisch und will sich gar nicht in das egalitäre Bild fügen, das diese Staatsgemeinschaft sonst so beflissen von sich zeichnet!» Am Ende denkt das Hirn: «Eigentlich hätte ich meinem Inhaber nur vorschlagen müssen, nach dem ersten Läuten die 14 bis dahin bereits auf dem Löffel befindlichen Tropfen zu schlucken, anschließend das Gespräch zu führen und die restlichen 26 Tropfen nach dem Telefonat einzunehmen, aber auf diese glorreiche Idee bin ich angejahrter König der Organe natürlich wieder mal nicht rechtzeitig gekommen.»

Es ist erstaunlich, was ein Gehirn alles binnen einer Minute denken kann, wenn es nicht an der Kandare gehalten wird. Was soll denn das Gewähren von Trinkgeld mit Republikanismus zu tun haben? «Denkmorchel schweig!»

sollte man ihm zurufen, wenn es mal wieder nicht müde wird, einem spontane Quargeln aufzutischen, und tunlichst tropfen sowie klingeln lassen, was klingeln sowie tropfen möchte.

Die das Abzählen von Arzneitropfen betreffende Erörterungsepisode endigt hier übrigens, doch es folgt eine andere, in welcher wiederum Telefone, aber auch moderne Gerätschaften sowie wiehernde Tiere, die auch schnauben, beißen und galoppieren können, auftauchen.

Zwölf Jahre ist's nun her, daß ich in diesem Forum auf der Suche war nach etwas, das wirklich typisch, besser noch: exklusiv deutsch ist, und das einzige, was diese Forderung in meinen Augen seinerzeit erfüllte, war die hierzulande fast allgegenwärtige Sitte, seinen Nachnamen in die Sprechmuschel hineinzusagen, sobald das Telefon klingelt. Ich ermunterte die Leser, mir Länder außerhalb des deutschsprachigen Raumes zu nennen, wo man es ähnlich handhabt, doch sagte man mir keine. Vielleicht gibt es weitere Länder dieser Art tatsächlich nicht. Im Laufe der seither verstrichenen Jahre sind bei uns noch einzelne Leute hinzugekommen, die ihr Leben ganz ohne Gespür für menschliche Lächerlichkeit verbringen müssen und daher vollbesetzten Bahnwaggons ihren Namen nennen. Es saß einmal eine Frau neben mir, es klingelte, und sie sagte «Grabbe». Man kann solches Brauchtum wohl als nationale Drolligkeit akzeptieren, muß es keineswegs als «uninternational» und daher abzuschaffen brandmarken, sollte sich aber doch immer seiner Wurzeln im preußischen Obrigkeitsstaat bewußt sein, als Angehörige des Militärs, die einen großen Teil der frühen Nutzer des Telefonnetzes stellten, sich fernmündlich in gleicher Weise melden mußten wie in der Kaserne.

Ich habe manchmal Mitleid mit Verkäufern, die Namensschilder tragen müssen, besonders wenn es sich um ältere Damen mit großen Brüsten sowie seltsamen Namen handelt. Stellt es für eine Frau nicht eine Demütigung dar, wenn sie von einem Kunden mit einem Namen angesprochen wird, den er von einer schiefsitzenden Nadel auf ihrem Busen abbuchstabiert? Ich spreche Verkäufer lieber nicht namentlich an, und es scheint mir gut und richtig, daß auf den Kassenzetteln eines Medienmarktes in Berlin seit Jahren immer nur steht: «Es bediente sie: Frau SAMMELNUMMER».

Auch im Bereich der modernen Kommunikation ist gut beraten, wer seinen Namen nicht bedenkenlos in die Welt bläst. Als ich mir vor einigen Jahren eine E-Mail-Adresse auszusuchen hatte, erschien es mir auf eine diffuse Weise dezenzabträglich und töricht, meinen Namen darin unterzubringen. Ich wählte eine vollkommen abwegige Adresse und halte es sogar für ausgeschlossen, daß es irgendwo auf der Welt jemanden gibt, dessen Name dem ähnelt, was bei mir vor dem @-Zeichen steht. Ich bin mit dieser Lösung bislang ausgezeichnet gefahren. Alle Welt beklagt sich, zugespamt zu werden, daß sie allmorgendlich erst einmal Dutzende klebriger Offerten von außerhalb der Zivilisation löschen müsse, wodurch natürlich aus Versehen auch Beachtenswertes unbeachtet bleibt. Ich bekomme keine Spams, und Kenner der Materie meinen, das könne eventuell durchaus, womöglich auch wahrscheinlich, unter ganz bestimmten Umständen sogar zu einem gewissen Grad mit allerhöchster Sicherheit an meiner unnamenhaften E-Mail-Adresse liegen. Was ich empfange, meint mich persönlich, mal abgesehen von manchem Mist, der durch enthemmtes Weiterleiten bei mir landet. Daß durch die Weiterleiterei so manche Diskretionslücke entsteht, dürfte allerdings jeder selber wissen, weswegen ich mich abschließend lieber von der ähnlich klingenden und ebenfalls üblen Weiterreiterei distanzieren möchte:

In alter Zeit ritt ein Mann mit seinem heranwachsenden Sohn von Memel nach Wilna. Es war ein heißer Tag, und die beiden waren schon ein ziemliches Stück unterwegs gewesen, als ein Gasthaus am Wegrand erschien, aus dem Bratenduft, Schanklärm und das Aufkreischen begrabbelter Weiber drangen. Der Sohn sagte: «Vater, meine Kehle brennt! Laß uns einkehren, Vater!» Der Vater aber sagte: «Nein, wir reiten weiter!» Nach einer Stunde tauchte ein anderes Gasthaus auf, vor dem heitere Runden hinter prächtig schäumenden Weißbieren saßen. Der Sohn wiederholte seine Bitte, aber sein Finsterling von Vater bestimmte erneut: «Nein, wir reiten weiter.» Nachdem sich das triste Ritual, wie kaum anders zu erwarten, ein drittes Mal vollzogen hatte, zog der junge Mann aus seiner Satteltasche einen Ofenhaken hervor und erschlug damit seinen den Durst des Sohnes nicht achtenden Vater. Ja, so kann's geschehen, wenn einer von der Weiterreiterei nicht lassen kann.

Was schön ist und was häßlich ist

Schön ist das Leben! Häßlich dagegen sind runde Tische, auf denen quadratische Tischdecken liegen, besonders wenn Schrankfalten sichtbar sind. Häßlich ist es, wenn Frauen Sonnenbrillen als Bestandteil der Frisur ansehen. Häßlich ist auch jene nicht enden wollende Reihe schwarzer Texttafeln, auf denen der Konsument nach dem Anschauen eines Spielfilms auf DVD in zehn bis fünfzehn Sprachen wie z. B. Norwegisch darüber informiert wird, daß er sich den Film nur bei sich zu Hause ansehen darf und keineswegs die Erlaubnis hat, ihn in Reisebussen, Schulen, Krankenhäusern, Gefängnissen oder auf Bohrinseln vorzuführen. Anfangs mag man sich noch den einen oder anderen Gedanken darüber machen: Warum es etwa Arbeitern auf norwegischen Ölplattformen verboten sein soll, sich an ihren zerstreuungsarmen Feierabenden Videos anzusehen, nicht aber den Besatzungsmitgliedern meteorologischer Forschungsstationen, z. B. auf der ebenfalls trüben, einsamen und norwegischen Insel Jan Mayen? Mit der Zeit jedoch erlischt der Reiz solcher Überlegungen, und man möchte sich, die Ermahnungen der Filmwirtschaft dreist überspringend, dem Bonus-Material zuwenden, drückt zu diesem Zweck «Top Menu» und wird daraufhin mit einem Banner konfrontiert, der sagt, die gewünschte Funktion sei momentan nicht verfügbar! Muß man also die stummen Tafeln von «UK & Eire» bis «Croatia» wohl oder übel Revue passieren lassen, wobei man noch dankbar zu sein hat, daß sie unvertont vorüberlaufen; das dramatische Getöse, mit dem die DVD-Hersteller ihre Mahntafelshow theoretisch unterlegen könnten, wäre kaum von hohem Rang. Um so mehr erschrickt man, wenn nach den stillen Rechtshinweisen der böse alte abgerockte Metro-Goldwyn-Mayer-Löwe zweimal gräßlich brüllt.

Schön hingegen ist, man hat ein Badezimmer mit einem echten Fenster und keines, in dem es belüftungshalber zu rauschen beginnt, sobald der Lichtschalter gedrückt wird. Man kann beim Zähneputzen aus dem Fenster schauen und den schönen weißen Hund der Hauswartsfrau unter der Kastanie liegen sehen. Häßlich ist es dagegen, wenn man in Ermangelung eines Badezimmerfensters während der langweiligen Mundpflege, wie es nicht wenige Menschen tun, in der Wohnung herumläuft und mit brummender Elektrobürste im Mund die Geldscheine in seinem Portemonnaie in sinnvolle Staffelung bringt, Glühbirnen wechselt, Kopfkissen aufschüttelt oder auch nur Frühstückszubehör vom Kühlschrank zum Küchentisch trägt, denn eh man sich's versieht, hat man zuviel Schaum im Mund und kämpft mit dem Würgereiz – Schaum am Kinn, Schaum auf der Hemdbrust, Schaum auf der Butter. Und entdeckt man als Gast bei einem Hausbesuch lauter kleine weiße Punkte auf den Möbeln, weiß man: Ah, ein Elektrozahnbürstenbesitzer, der beim Putzen in der Wohnung auf und ab geht. Schön ist das nicht.

Richtig schön ist es vielmehr zu sehen, wie Kinder fernöstlicher Restaurantbetreiber nach der Schule ins Lokal ihrer Eltern gehen und an einem Tisch nächst der Speisendurchreiche wohlbeaufsichtigt Hausaufgaben machen. Nicht schön jedoch ist es, wenn Kinder nichtdeutscher Eltern, bloß weil man sie nicht Ausländer nennen möchte, als «Jugendliche mit Migrationshintergrund» bezeichnet werden. Meine Eltern flohen 1945 aus Schlesien. Bin ich deswegen ein «Mensch mit Vertreibungshintergrund»? Sprachbürokratische Formeln lassen sich leicht in Beleidigungen umdeuten. «Du hast wohl 'nen Migrationshintergrund!» wird eines Tages klingen wie «Du hast ja einen Knall!» «Bildungsfern» ist auch nicht schön, und wen wird es wundern, sollten die Migrationshintergründler unter den Sprachbürokraten dereinst die alteingesessene Bevölkerung in «migrationshintergrundsferne Personen» umtaufen? Es wäre die logische Konsequenz.

Schön sind alte Autos. Häßlich sind schmutzige Autos. Einer bei mir beliebten Dame, die mich mit ihrem straßenkotstarrenden alten Billigvehikel einst zu einer Fahrt ins Grüne abholte, machte ich das Angebot, zum Ausflugsauftakt durch eine Waschstraße zu fahren und dafür in vollem Umfang finanziell geradezustehen. Sosehr sie es auch liebe, durch die Waschstraße zu fahren, rief die Dame da, momentan sei das nicht möglich, weil sie befürchte, ihr Dachgepäckträger könnte von den rotierenden Bürstenwalzen beschädigt werden, und sie wisse leider nicht, wie man den abmache. Sie werde wohl eines Tages irgendeinen Mann fragen müssen, ob er nicht in diesem Sinne einmal handgreiflich werden möchte im Austausch gegen ein arglos flehendes Lächeln. Ich schwieg dazu eisern, und wir fuhren dreckig ins Grüne.

Das Grüne war voll mit anderen dreckigen Autos.

Noch vor zwanzig Jahren wurde regelmäßig in schärfsten polemischen Tönen die vermeintliche Manie der Deutschen angegriffen, ihren Autos mehr Pflege zu gewähren als dem eigenen Körper. In launigen Magazinbeiträgen des Fernsehens sah man alle naslang sogenannte «deutsche Saubermänner» in kurzen Hosen, die ihren «Wagen» eine schäumende und polierende Affenliebe zuteil werden ließen, und damit dieses Treiben noch deutlicher als lächerlich und «typisch deutsch» erkannt werden konnte, unterlegte man die Bilder mit Marschmusik oder dem «Baby Elephant Walk». Wollte man die satirische Zurschaustellung deutschen Biedermannwesens auf die Spitze treiben, zeigte man jemanden, der sich im Wageninneren mit einem Autostaubsauger zu schaffen machte.

Autostaubsauger dürften sich noch heute in vielen Haushalten befinden, doch kommen sie nicht mehr zum Einsatz. Vermutlich ist das Aufladegerät kaputt oder «weg» oder es befindet sich in einer Stapelbox im Keller, zusammen mit einem Haufen von Kabeln unerklärlicher Zugehörigkeit und diversen anderen Aufladegeräten von Pürierstäben, Elektrozahnbürsten und längst vergessenen Faxgeräten, die man eben leider nicht einfach wegschmeißen kann. Manch einer wird sich geärgert haben, daß die lästigen schwarzen Wohlstandsverwahrlosungsbrocken nicht durch die Schlitze der Batteriesammelbehälter im Supermarkt passen. Wenn also ein Konzertpianist vor seinem Auftritt in einem Saal mit tausend Leuten die Durchsage machte, alle, die zu Hause eine Schublade oder Kiste voller blöder alter Aufladegeräte hätten, sollten bitte umgehend die Location verlassen, könnte er sich hinterher ohne weiteres als schlechtbesuchter Geheimtip feiern lassen. Das mittlerweile längst als ein ernsthaftes soziales Problem anerkannte Messietum wird meiner Wahrnehmung nach durch das gemeinsame Auftreten von vier Faktoren begünstigt, nämlich dem Sammeln von Computerzeitschriften, einer Vorliebe für Cola und Bring- oder Tiefkühlpizza, dem Vorhandensein mehrerer Katzen sowie einer Neigung, immerzu neue aufladbare mobile Elektrogeräte zu kaufen. Nur Cola oder nur Katzen reichen aber noch nicht aus, es müssen mindestens vier dieser Faktoren, also alle, zusammenkommen, um einen im Dreck versinken zu lassen.

Vor kurzem brachte mir der Mitarbeiter eines Getränke-Lieferservices Wassernachschub ins Haus, denn was dem Heavy-Metal-Gitarristen der Marschall-Turm auf der Bühne, ist mir der Wasserkistenturm in der Küche. «Sie haben's aber schön hier!» meinte der Mann freundlich, um gleich danach im Ton bitterster Lebenserfahrung hinzuzufügen: «Sie können sich ja überhaupt nicht vorstellen, wie es bei manchen Leuten in der Wohnung aussieht!» Doch, ich kann. Ich muß nur auf die Straße gehen und ins Innere der parkenden Autos schauen. Auf jedem zweiten Armaturenbrett liegen «Lila Pause»-Verpackungen, eine halbaufgegessene «Prinzenrolle» sowie Musikkassetten mit raushängendem Tonband. Das digitale Zeitalter ist nämlich zumindest in Autos, in denen Kekse gegessen werden, noch nicht angebrochen, und da Musikkassetten die bekannte Vorliebe haben, runterzufallen, finden sie sich meistens auch im Beinbereich des Beifahrers reichlich, wobei die heraushängenden Tonbänder Gelegenheit haben, sich um vergessene Hundeknochen und Schuhe zu wickeln oder aber eine Liaison mit Strumpfhosen einzugehen. Damen ziehen bekanntlich, wenn es ihnen warm wird im Auto, ihre Strumpfhosen aus. «Ich glaub, ich zieh mal eben meine Strumpfhose aus» – diesen Satz hört man in Deutschland häufiger als manch klassische Grußformel wie «Guten Tag».

Auf etwa einem Viertel aller Beifahrersitze befindet sich ein vertrockneter Apfelgriebsch oder eine schwarzangelaufene Bananenschale. Schon zweimal in meinem kurzen Leben bin ich aufgefordert worden, mich auf Obstreste zu setzen. Es ist beachtlich, wie viele Wagenhalter heute nicht mehr auf die an sich naheliegende Idee kommen, den Müll aus ihrem Auto zu entfernen, bevor sie jemanden zur Mitfahrt einladen. Sie würden allesamt erschrecken, wenn man diese unterlassene Freundlichkeit mit dem Begriff Respektlosigkeit in Verbindung brächte, aber wäre das wirklich so vermessen? Gewiß – wer im Glashaus sitzt ... Auch ich entferne die toten Fliegen, die sich zwischen dem inneren und äußeren meiner Doppelfenster sammeln, nur ein- oder zweimal im Jahr, aber ich lade doch auch niemanden ein, sich in dem Fensterzwischenraum länger aufzuhalten. Wäre ja auch absurd! Jemanden in einem Auto Platz nehmen zu lassen, in welchem ihm bei jeder Bremsung leere Kaffee-Pappbecher auf den Schoß fallen, finden manche seltsamerweise nicht absurd. Das ist alles ganz schön häßlich.

Immer schön ist es hingegen, wenn jemand endlich schweigt.

Editorische Notiz

Die hier versammelten Texte erschienen im Verlauf der Jahre 2005 und 2006 erstmals in der Frankfurter Monatszeitschrift «Titanic». Allerdings taten sie das in vorläufigen Versionen und zum Teil unter anderen Titeln. «Die Prophezeiung» z. B. hieß zunächst «Die Exzellenzinitiative», «Hannah Arendt hat recht» hatte anfangs den Titel «Lügenschaum und böse Fratze» und «Dem Elend probesitzen» hieß gar «Die volle Insel (Urlaub als vorübergehender sozialer Abstieg)».

Von «Dem Elend probesitzen», «Der Amethyst» und «Tropfen, Klingeln und die üble Weiterleiterei» erschienen bereits im März 2006 Live-Aufnahmen auf dem Hörbuch «'ne Nonne kauft 'ner Nutte 'nen Duden».

Veröffentlicht im Rowohlt Taschenbuch Verlag,
Reinbek bei Hamburg, Oktober 2008
Copyright © 2007 by Rowohlt · Berlin Verlag GmbH, Berlin
Lektorat: Alexander Fest
Entwurf und Kalligraphie des Schutzumschlages: Frank Ortmann
Satz aus der Stempel Garamond PostScript von
hanseatenSatz-bremen, Bremen
Druck und Bindung CPI – Clausen & Bosse, Leck
Printed in Germany
ISBN 978 3 499 24762 0